| 오정애 2집 |

목련

도서출판
열린동해

책을 펴내면서

　어떤 시를 쓸까? 단어를 생각하고 문장을 만들어 글을 쓰다 보니, 차곡차곡 마음 양식이 쌓여간다. 뇌의 생각을 끄집어내 글을 쓰는 것은, 또 하나의 삶이 즐거움이다. 기쁜 마음으로 희망찬 꿈을 쓴다.
2000년부터 시를 연필로 쓴, 노트를 펼쳐본다. 그냥 시가 좋아서, 나름 시라고 노트에 쓴 것이다. 자녀가 성장하고 취미생활을 찾다 보니, 좋아하는 시 창작반에 마음이 갔다. 집에서 1시간, 2시간, 3시간 되는 문화센터로 여기저기 찾아 배우러 다녔다. 배우려는 열정이 넘쳤고, 그냥 시가 좋아서였다.

　남편하고 들녘, 바다, 산을 다니며 새와 자연이 주는 소리를 담아, 함께한 삶을 시로 담았습니다. 신학교를 다니면서 그때그때 마음에서 오는 느낌과 감정을 표현해 시를 썼습니다. 소중한 삶의 일부분을 기록하는 시어들로 되돌아보니 한없는 기쁨입니다. 이 또한 살아가는 날들의 삶이 보람으로 다가와 안겨줍니다.
내면에서 그 어떤 것이 속삭입니다. 행복하라고. 출판하려니 잘 다듬지 못한 시향을, 더 잘 표현하지 못한 아쉬움이 남습니다.

그동안의 결실을 시집으로 묶고자 합니다. 성실히 노력한 삶을 감사하며 두 번째 시집을 세상에 내놓습니다. 제일 먼저 하나님께 감사합니다. 또한, 기도로 응원해 주시는 우리 가족, 형제들, 친구들, 저를 아는 모든 지인분께 감사드립니다. 목련 두 번째 시집 출판을 하게 해 주신, 열린동해문학 서인석 대표님께 감사드립니다. 얼굴 한번 본 적 없는데 저의 작품을 서평까지 해주신 열린동해문학 회장님께 깊이 감사드립니다.

저의 시집을 읽는 분들에게 시의 공감이 되면 좋겠습니다. 마음의 위안과 평안, 즐거움으로 가정의 행복이 가득 깃드시길 축원합니다.

2024년 1월
오정애 시인

1부 나들목의 향기

열정 꽃, 생명 꽃 ·················· 12
새해 ······························· 14
부비부비바 ························ 15
추억의 초가집 마을 ············· 16
산수유꽃이 피면 ·················· 17
이천 터미널 ······················· 18
잔설 ································ 20
봄이 오는 꿈 ····················· 21
설맞이 ····························· 22
달리는 낙엽 ······················· 24
초록빛 계절 ······················· 25
신발의 기도 ······················· 26
몽우리만 보고는 ·················· 28
설날에 ····························· 29
해돋이 ····························· 30
봄 햇살처럼 빛나는 사람 ······· 31
나무들의 환호성 ·················· 32
봄소식 ····························· 33
스무살의 약속 ···················· 34
목련 ································ 36
나라님 쌀밥 ······················· 37
해갈의 기쁨 ······················· 38
라일락꽃이 필 때면 ·············· 39
동백꽃 ····························· 40

2부 뜨락에 핀 글꽃

사막 모래 늪 ·········· 42
어버이날 선물 I ·········· 44
에어컨 ·········· 45
수레국화 ·········· 46
우리 사랑 이대로 ·········· 47
백세시대 건강법 ·········· 48
밤꽃 ·········· 49
행복한 문학소녀 ·········· 50
언제나 청춘 ·········· 51
외벽 줄타기 ·········· 52
황혼 ·········· 54
끝 사랑 ·········· 55
증포동 축제 ·········· 56
가을에 ·········· 57
첫사랑 ·········· 58
은행 ·········· 59
십일월 ·········· 60
저기 저 일하는 사람이 ·········· 61
둘이서 도배를 ·········· 62
우리고 우려먹는 사랑 ·········· 64
선물상자 ·········· 65
새집이 우리에게로 왔다 ·········· 66
혼합 죽을 끓이다 ·········· 67
첫눈이 내리면 ·········· 68

3부 시인과 사색

고향의 안부 ·················· 70
토끼 세 마리 ·················· 72
마음의 사랑 ·················· 73
새소리 ·················· 74
나 그대의 임으로 ·················· 75
엄마 생각 ·················· 76
아기 참새 ·················· 78
반지 ·················· 79
사랑 차 ·················· 80
호박꽃 ·················· 81
마음 밭에 고운 꽃으로 ·················· 82
양산 ·················· 83
복하천에서 외삼촌을 만난다 ·················· 84
인생살이 ·················· 86
이천 청자 ·················· 87
어버이날 선물Ⅱ ·················· 88
앨범 사진 ·················· 90
거미줄 ·················· 92
꽃길만 걸으라 말하네 ·················· 93
혼사 외로워 미리 ·················· 94
야외 나들이 ·················· 96
생강차 ·················· 97
밤하늘 별똥별 ·················· 98
어머니 ·················· 99
아버지 심부름 ·················· 100

4부 햇살에 기대어

선량한 양반이었어라 ·············· 102
갈대 I ·············· 103
갈대 II ·············· 104
꽃다발 ·············· 105
마음의 치유되는 노래로 살아요 ·············· 106
코스모스 꽃길 ·············· 108
시냇물 ·············· 109
여기가 너희 오 씨 문중 제각이란다 ·············· 110
복 돼지 ·············· 111
내가 살아가는 이유 ·············· 112
흐르는 물처럼 ·············· 113
찹쌀 호떡 ·············· 114
가족 ·············· 116
보리밭 ·············· 117
은방울꽃 ·············· 118
누구 있나요? ·············· 119
시온성 교회 종탑 ·············· 120
사랑하는 마음 ·············· 121
또 장마 ·············· 122
지하철 ·············· 124
환갑 ·············· 125
매화 ·············· 126
꽃사과 나무 ·············· 127
은물결 ·············· 128

5부 숲속의 향기

증포동 쉼터 ·· 130
소녀의 희망, 우정의 국밥, 가족, 생일날 ········· 131
홍매화 ··· 132
봄비 ··· 133
가을아 ··· 134
새색시와 제주도 ·· 135
소낙비 ··· 136
정 ··· 138
아카시아 향기의 말 ·· 139
담쟁이넝쿨 ·· 140
딸기 ··· 141
참 아름다운 교회 ·· 142
발길이 가는 대로 ·· 144
희망의 눈 ·· 146
우산 하나 ·· 147
시월은 ··· 148
달팽이 I ·· 149
달팽이 II ··· 150
진정한 나의 소중한 친구에게 ························· 151
봄에도 ··· 152
이포강변 도로에서 ·· 153
해와 꽃과 인생 ·· 154
새와 꽃 봄 친구에게 ·· 155
작품해설 ·· 156

동백꽃 [전문] ·· 157
황혼 [전문] ·· 159
반지 [전문] ·· 161
흐르는 물처럼 [전문] ·· 163
정 [전문] ··· 165

1부

나들목의 향기

열정 꽃, 생명 꽃

설봉공원 산책길을 나선다
가느다란 긴 장대에 매달려 핀 청아한 하얀 꽃
비단결 타고 나풀나풀 흰나비 노랑나비 춤추는
축제가 열린 무도회는 열정 꽃 피운다

늦둥이 노랑 백합 홀로 피워 아름다움을 자랑한다
여섯 개의 꽃잎과 꽃술 아래로
긴 혀처럼 날름거린 꽃술 하나가 귀엽다
줄줄이 달린 사탕 목걸이 꽃필 날 새고
설익은 바나나 껍질 닮은 푸르름이
익은 바나나 몸통으로 기다란 꽃망울은
한 대로 이어져 탄생한 생명 꽃이다

아기였던 청둥오리는 볼수록 커간다
성장한 청년으로 서로서로 어울려
호수 둑에서 햇볕을 쬔다
호수를 헤엄치며 노닐고
물속 공연장 물오리 떼는 발레 춤이 한창이다

하얀 장대 꽃 백합꽃을 보며
자연의 섭리를 느끼고
청둥오리 떼 성장을 보면서
어린아이가 성장하는 시기를 느낀다
자연과 미물도 사람도

살아가는 생명력이 다를 바 있으랴
꽃이 피고 지고 사람이 죽고 사는 이치가
절대자의 손에 달려 있다

히브리서 9:27 절 말씀에는
한번 죽는 것은 사람에게 정하신 것이요
그 후에는 심판이 있으리니
지는 해 되돌아올 수 없는 죽음이 후회 없도록
삶을 사는 인생으로 살아야 한다

새해

연말 정각 보신각 종소리가 울리고
교회는 신년 예배드리는 시간
하늘 바다에 이글이글 불타는 빛을 받아
새벽 찬란한 아침
밝은 새해가 떠오른다

새해 365일 선물로 받았다
첫 시작 첫날이라는 계획이 되고
하루라는 삶이 내게 주어진 보배롭고 값진 선물

지난해 이루지 못해 아쉬웠던 일이
별처럼 다시 일어나
내일은 다가올 부푼 희망
인생의 주인공이 되어
둥둥둥 두리둥실
내 안의 붉은 해가 하나 떠오른다

부비부비바

온천공원 산책길에
우람한 상수리나무와
담쟁이 넝쿨은
한 몸 이루어 산다

외로울 틈이 있을까
봄 연둣빛 왈츠로
여름엔 진초록 살사
가을빛 붉은 탱고로
겨울은 블루스
부비부비바

서로 부대끼는 것이
즐거움이라는 걸 안다

추억의 초가집 마을

초가집에 태어나 성장하고 학교 다니던
그 시절 초가집 마을 내 고향이 생각난다
아버지 어머니 마당에 햇살 볏짚 엮어
초가집 마을에 살았던 이웃은
오래전에 하나둘 뿔뿔이 이사 가고
한두 채만 남겨진 채 고향 마을이 없어졌다오

그때 추억의 시절
초가집 마을이 그리워지는데
초가집은 사라지고
아버지 어머니
형제자매 방 한 칸에 생활해도
저녁이면 지그재그 자는 잠에도
불편한 줄 모르고 지내던 시절
새벽부터 밭 논으로 싱싱한 야채로
밥상 차리러 순찰하고 오시던 어머니 아버지

아침 되면 훤하니 넓은 방
기억에만 살아있는 초가집은
공장지대 들어서는 산업화 시대로
도로는 확장되어
가뭄철 논물 대던
큰 방죽 작은 방죽은 온데간데없고
옛 시절 마을 풍경은 찾아볼 수 없다오

산수유꽃이 피면

봄 요정이 나뭇가지 내려앉으니
노란 윤슬들이 가지마다
마중을 나가요

톡톡 피어나는 봄
예쁘다 곱다고
몽글 둥글 모여 놀아요

산책길에
햇살도
그대가 좋다고
주변으로 몰려 들어요

이천 터미널

이천 터미널에서
3번 버스를 타고 양지 마을에 가면
미용하는 동생은
덥수룩하게 오는 손님에게
들꽃 같은 모양새로 리모델링 새 단장을 꾸민다

이천 터미널에서
하늘길 배우러 갈 때 동서울행 탔지
어버이날이 다가오는 며칠 전 나 홀로
부모님 뵈러 갈 때 광주행 탔었지
광주 터미널에서 영광 가는 버스를 타고
영광 터미널에서 묘량 마을버스를 탔었지
큰언니 작은언니 이사하여
집들이 갈 때 의정부행 탔었지
남동생 집으로 아버지 뵈러 갈 때는
남편하고 안산행을 탔었지
중학동창회 참석에도 이천 터미널에서
동서울행을 탔었지

이천 터미널은
너와 나 인연 줄을 만들어 주는 곳
끈끈한 가족 사랑의 끈을 이어주는 곳

인정을 넉넉히 이끌어 주는 곳
친구들 반기는 마음을 새겨주는 곳

이천 터미널은
사람 사연 줄 타고 만남 이뤄
꿈을 싣고 비상하는 우리의 방주 같은 곳

잔설

어릴 적
고향 집 장독대 그늘에 숨겨진
한 뭉치 눈덩이가 얼어 있어서 마냥 신기했다
그것이 잔설이었던 거였지
추억 속에서 되찾은 보석을 줍는다

설봉산 자락에 보석들
젓가락 모양으로 길게 뻗어
남편하고 걷는
등산로 안내판이 되어
봄으로 안내한다

가파른 산길
함께 거친 숨 내뿜는
우리 부부 꿈결로
햇살도 따사롭다

봄이 오는 꿈

남편하고 보폭 맞추어 복하천 걸으며
고향에서 나던 보리 참 오랜만에 본다고
주고받고 했었지
정겨운 고향을 그리며

파릇파릇 올라온 보리싹은
흰 눈 사이로 초록 초록
시골 농부 소망이 싹 틉니다
보는 이들 희망이 싹 틉니다

봄이 오는 길목에 서성거려 봅니다
얼굴 귓불이 뜯겨 나갈 듯한 추위에도
백로 한 마리
물 위에 있더니 먹이를 낚아챕니다

봄눈이 그린 발자국 밟고
개천가 흐르는 물줄기
살얼음이 줄지어 맑은 거울로
하늘과 하나가 됩니다

뭉텅뭉텅 베어나간 양배추밭에
군데군데 서너 개 남은 자투리 외로이
살아온 삶 여정 상처로 물든 마음
푸른 봄 하나 품고 꿈을 꿉니다

설맞이

초가집 굴뚝에 뽀얀 연기 뿜어내는 설맞이
어머니는 쑥 모싯 잎을 쪄서
찹쌀을 쪄내시어
어머니가 손 반죽 밀어주시니 아버지는
덩더쿵 쿵더쿵
돌절구에 쑥떡 인절미를 찰지게 찧는다

빨간 대야에 김이 모락모락 피어오른
뜨끈뜨끈한 떡 반죽을
방바닥에 투명 비닐 널찍이 깔아서
손으로 두툼히 둥글게 모양내어
가마솥 뚜껑으로 길게 칼질하신다

방앗간에서 가래떡 뽑아와 굳은 후
도마에 뚝딱뚝딱
글씨처럼 가지런히 잘도 쓰신다
설날 내 나이보다 더 먹은 쌀 떡국
어머니 떡국 맛이 생각나 혀끝이 감칠맛 돈다

밀가루 반죽해 분홍 흰색 색소 입혀 말려서
곤로 위에 프라이팬 기름이
지지지 끓어 이 모양 저 모양으로 퍼지면

수저로 곱게 반듯이 누르신다
산자를 만드시고 꽈배기 각종 약과를
물엿 입혀 준비한 명절날의 다과
어머니표 수정과 식혜 맛도 일품이었지
아버지 어머니 고마운 사랑
잊지 못할 내 마음 보금자리 하나 줍는다

달리는 낙엽

칼바람이 매섭게 휘몰아친다
동면冬眠을
잊은 낙엽들이
줄지어서 일제히 일어서더니
몸과 다리를 곧추세우고
내보란 듯이 앞지르며
뚜뚜투투 두두두 드드드
함성을 지르며
마라톤 경주를 한다

살아있다
이 모진
겨울에도

초록빛 계절

사방팔방에서 낯 모른 이웃들이 온다
대천해수욕장에서
수영복을 입고
아이들이 신바람 났다

텐트 치고 소나무에 줄을 매고
빨랫줄이 되어 바다향이 날리는 돛단배
바닷가에는 수건 옷가지
태극기처럼 펄럭이며 휘날린다

해수욕장은 인파로 북적거려도
무리 지은 텐트는 각자의 집이 되어
샤워 시설 이용료는 바가지요금으로 샤워한다

자릿세 받는 아저씨는
새로 텐트 친 집마다 귀신같이 알고
하루당 집세
일만 원씩 계산해서 받아 간다

어릴 적에 모험심 키워주는 동심
아이들처럼 순수한 세계로 젖어 늘고
간편한 이동식 텐트가
여름이면
동서남북 내 집이던 초록빛 계절이다

신발의 기도

날마다 운동 가더니 나갈 기미가 안 보입니다
그녀가 또 발이 불편한가 내심 걱정입니다
오래전에 외출했다가 발을 헛디뎌
계단에서 굴러 발목을 두 번씩이나 삐어
오랫동안 고생하더니
한동안 나를 외면합니다

그날은 무슨 중요한 일인지 외출하더니
발바닥에 힘줄인지 인대인지 뼈가 서로 엉키듯이
삐걱거려 통증으로 고달파 하더라고요
나를 버리고 맨발로 걸을까 망설이더니
그래도 비 오는데 여자가 체면이 있는지
불편해진 발바닥에 붙은 나에게
제구실하라고 허공에 툭툭 발길질하고
나를 질질 끌듯이 절듯이 힘겹게 집까지 와서는
울상이 되어 쓰러지듯 안방에 눕더라고요

그녀와 좋았던 추억을 떠올립니다
들로 공원으로 산으로 함께 하고
바닷가 파도 소리
갈매기 끼룩끼룩 구경하고
그녀도 즐겁고 나도 즐거운

행복한 시간을 다시 보내고 싶은데
언제쯤 밖을 나가려나
그때가 좋았는데 마냥 그리워 기다립니다

그녀는 아직 세계 여행을 한 번도 못 나가 봤어요
그때는 세계여행 함부로 갈 수 없었고
가정을 지키느라 엄두조차 낼 수 없었어요
그녀가 어서 세계로 발길이 닿길
모든 운이 따라주기를 기도할게요
그래야 나도
한번 넓은 세상 구경하죠

화창한 아침입니다
그녀가 드디어 나를 찾는 날
몸도 마음도 기분도 상쾌한 산책길을 걷네요
조심조심 잘 인도해야겠어요
돌부리에 넘어지거나 다치지 않게
잘 모셔야겠어요

몽우리만 보고는

봄이 오니 이름 모를
몽우리 나뭇가지에 송송

겉은 진분홍
무슨 꽃일까

남편에게 물으니
글쎄
복숭아꽃 같기도 하고

꽃이 피길 기다리니
며칠 후 핀 꽃은
하얀 벚꽃

설날에

설날 당숙 당숙모께
동생들하고 세배하러 가는 아침
흰 눈이 소복이 내려

뽀드득뽀드득
뿌드득뿌드득
내 발자국도 세배하러 따른다

한길에서 작은집 오빠들을 만나면
세배하러 가느냐 묻고 반갑게 맞아
서로서로 친척 집으로 향하고
떡국 다과 수정과로
새해 덕담을 받고 오면
작은집 오빠들은
떡국 설음식 두레상에 앉아서
옹기종기 화기애애한 이야기꽃으로
설에는
친척 집으로 향하는 복된 날이다

해돋이

눈동자와 마음은
뜨는 해
빛줄기 광선에 빨려들어
우와
와와 와

아이들 세상이다

봄 햇살처럼 빛나는 사람

나를 빛나게 하는 당신 감사합니다
그대는 봄 햇살처럼 푸근한 성품이
빛나는 사람입니다

늦깎이 공부 갈 때는
행여나 배곯을까 김밥 생수 사서 챙기는
어서 먹으라 건네며
역까지 차량 운행으로 도움 주시고
취미생활 걷기운동 할 때
피곤함에도 함께 걸어주는 당신은
배우는 저보다
숨은 사랑이 더욱 빛나는 사람입니다

나는 산이 좋다며
주말마다 찾았던
그 좋은 산행도 미루면서
알게 모르게 도움 주는 그대로 인해
봄빛이 생동합니다

나를 빛나게 하는 당신 감사합니다
그대는 봄 햇살처럼 푸근한 성품이
빛나는 사람입니다

나무들의 환호성

한겨울 자동차를 타고 이천역 가는 길
도롯가에는 헐벗은 하얀 뼈마디로
가로수 플라타너스들이
땅에 발을 딛고 서서
두 팔은 만세를 부른다

찬란한 봄
수많은 초록 머리카락은
하늘로 향해 솟아올라
사람처럼 탱글탱글 파마하고
환호하듯이 서 있다

아침 풀잎에는
맑은 윤슬 사이로
번쩍거리는 햇살이
무지갯빛이다

덩달아 흥겨운
내 마음도 빛 배움터로 출발한다

봄소식

대지에 녹아든 땅 아지랑이 피어나고
수선화 옹기옹기 꽃 피운
설봉공원은 사월에 필 튤립 새싹들이 탐스럽다
냉이 쑥 노랑 민들레 잡풀 새싹이 토실토실 돋아나
봄바람 살랑거려 간지럼 치는 햇살에
산수유꽃이 활짝 폈다
수줍은 진달래 몽우리로
봄봄봄이 왔다고 반짝거린다

내 안의 봄이 꿈틀거린다
겨우내 묵힌 쭉정이 고뇌들이
민들레 홀씨 되어
허공에 흩어져 날아간다

비상하는 봄소식에
화들짝 꽃샘추위도 떠나고
꽃봉오리 가지마다 초록빛이 찬란하다
내 안에 잠재운
푸른 꿈 더미로 얼굴 내밀어
샛노란 봄맞이 떠오르는 연분홍빛 봄이다

*옹기옹기 : 비슷한 크기의 작은 것들이 많이 모여 있는
　　　　　모양을 뜻한다.

스무살의 약속

사람은 누구나 약속해요
지킬 수 있는 약속
지킬 수 없는 약속
사정에 따라 늦어지기도
간혹 못 지키는 일도 있지요

제 경우는
조물주의 특별한 약속이었지요
아가씨 때 신학교 가라는 음성
서울 도봉구 쌍문역에서
세 시간을 전철로 가서 정문만 보고 되돌아왔지요
형편 모든 것들을 어찌할 줄 몰라
젊어서는 순종치 못하였지요

또다시 성령님 말씀하셨지요
순종하는 마음으로
신학교 접수로 합격 통지서 받고
아이들이 어리다는 핑계로 또 접었지요

누구나 약속하기는 쉽다
그러나 그 약속을 이행하기란 쉬운 일이 아니다
에머슨의 명언을 심중 心中 깊이깊이 새겼지요

자녀들이 성장하자
인자하신 그분의 음성을 깨달았어요
너무너무
아바 아버지 애태운 거 같아서
사랑으로 오래오래 기다려 주신 은혜임을
이제야 오십 대 늦깎이 목회자로 살지요

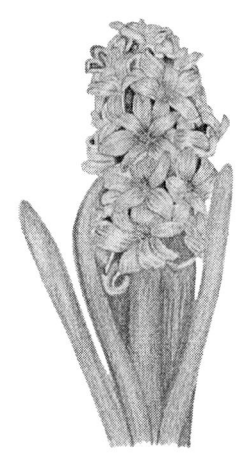

목련

목련이 핀다
백목련이 핀다
진 붉은 목련이 핀다

순결한 봄 처녀로
화사함으로 봉긋봉긋 태어난다
진 붉은 사랑 꽃을 띄운다

고운 자태로 온화한 향기로
내 발걸음을 멈추고
네 눈길을 유혹한다

어때?
우리
이 봄에

나라님 쌀밥

가족들과 외식할 적마다
한정식 쌀밥 집을 두루두루 찾아가면
임금님표 긴 수라상을 받는다

쫄깃쫄깃한 쌀밥이
입안에서 향기로운 맛을 돋우고
돌솥 누룽지에 구수함이
숭늉으로
위장을 시원하게 즐긴다

공군 휴가 나온 아들을 위한
오붓한 사랑 한 끼에
나랏님 넉넉함이 뇌파를 흔든다

해갈의 기쁨

하늘엔 맑은 햇빛이
빙그레
인사를 합니다

산과 들 계곡도
농부들의 애타던 심정도
기쁨의 미소로 노래합니다

우리들의 메마른 심령에도
한줄기 단비가
은혜처럼
스며들기 바랍니다

라일락꽃이 필 때면

라일락꽃이 필 때면
어머니 호미자락 끝에서 이야기꽃이 피어납니다
파종 나온 밭에 따라 앉아
전래동화를 흥미진진하게 들으며
더 이야기 들려 달라고
속없는 투정 부림이 돋아납니다

콩쥐팥쥐 심청이 호랑이와 곶감
그 시절 배우지 못해 까막눈이신
어머닌 어디서
퍼내고 퍼내도 끝이 없는
그런 이야기를 꺼내고 계시는 걸까요

나중에야 그림 동화책에 나오는
이야기였음을 알았습니다
어머니 들일하는 곁에서
어린 시절 깊숙이 새겨진
어머니의 향기가
진하게 풍기고 있습니다

동백꽃

동백나무
간밤에 불던 비바람에
떨어진 선혈이
핏빛으로 출렁인다

장렬히 붉은 송이
꽃잎에 맺힌 물방울은
젊은날 힘들고 아팠던
애써 삼키려는 눈물이런가

저리 통째 바닥에 내린 꽃송이
동백꽃 하트로 대궐을 짓고
그 테두리 안에 쓴 꽃말
당신을 사랑합니다

살며시 바라보던 햇살이
활짝 핀 미소로
촉촉한 물을 닦아줍니다
포근히 안아줍니다

2부
뜨락에 핀 글꽃

사막 모래늪

척박한 사막의 모래 늪은 고요하다
모래바람이라도 불어대면
자라는 식물과 파충류와 동물은
고난의 가시를 삼키리라

오아시스 나무 그늘 찾기도 힘들어
물 한 방울 볼 수 없는 곳에서
인생은
하나의 사막처럼 덩그러니
외로운 존재로 살아가는 건 아닐는지

맹수와 같이 순한 사슴같이
세상의 치열한 경쟁 속에
지치고 힘겹지는 아니한지

때론 문화 활동 즐거움을 찾아 나서고
자기 계발인 활용을 찾아서
만족감을 채우는 건 아닐는지

때론 버거운 상처로 힘들지라도
인내라는 성숙을 딛고 성장해 나가는
사막의 샘 오아시스를 찾아내는 길

우리들이 살아가는 인생은
그러한 사막의 길임을
그런 걸음들을 걷고 있다는 것을
까마득히 모르고 사는 것이 삶인지도
사람들은 그러한 사막을
달리고 내달리고 있습니다

계발 : 지능, 정신 따위를 깨우쳐 열어 주다.

어버이날 선물 I

백세 관절 건강 프로젝트
관절에 좋은 알약이 두 알씩 들어있는
관절 살리도 지킴이
부모를 위해 아들이 어버이날 선물로 내민다

남편 차에서 급히 서둘러 내리다가
차 문에 무릎을 부딪쳤더니
나이 든 무릎은 그 후유증으로
걸을 때마다 곤욕이었다

그러나
아들이 사다 준 알약을 먹고 온전히 나았다
엄마 무릎이 아픈지 어찌 알았을까
아들을 통해 하나님은 내 무릎까지 고쳐주신다

딸은 단백질이 풍부한
한우 스테이크와 닭가슴살로
얼음팩이 든 스티로폼 세 박스가
거실에 삼 층을 쌓는다
다 드시면 말씀하세요
또 챙겨 드릴게요

자녀들도 하나님도
때마다 일마다
도와주시니 참 감사하는 은혜로다

에어컨

벌써 오월 여름인가 덥다 더워
어버이날에 맞춰
인터넷으로 주문했다기에
자취생이 무리가 될까 싶어
오십만 원을 보탰다
거실과 안방에
자식들의 사랑이 들어서니
여름철마다 무더위를 이기려고
모든 창문을 열어야 했던
지난 기억이 뇌세포를 깨운다

자식 복이 많아서
이런 호강을 하는구나
벌써 여름
이제는 끄덕 없다

수레국화

이포보 당남리섬
유월의 나들이
수레바퀴처럼 생긴
파란 꽃 수레국이 무리 지어 손짓한다

청보리 길섶은 푸르게 푸르게 춤추고
대지에 청보리밭은 누렇게 익은
밀보리와 청보리 이야기로 추억을 새긴다

다리 밑에 차린 향그러운 두레 상차림
즉석 메뉴판은 백숙과 수육으로
돈독한 한 끼 보양식
수레국화 꽃말처럼
행복한 계절 나들이

우리 사랑 이대로

당신이 늦으니 궁금증
지금 어디쯤인가요
식사는 했는지 묻고는

외출해서 돌아오니 집에 없네
뻔히 운동 나간 줄 알아도
전화해 어디인지 묻고는

알콩달콩 표현은 아니어도
진국 같은 마음 이대로
우리 사랑 지금처럼 영원히

함께 있어도
있는 듯 없는 듯
서로 무심한 듯해도
깊은 정 흐르는 은하수
우리 사랑 이대로

백세시대 건강법

당신은 운동으로
나는 밥을 짓듯 시로
때로는 잘 지은 밥
찰진밥 된밥 진밥 죽밥도
나름대로 골고루 맛이 있더라고요

나도 건강 챙기고 있소
우리 오래 삽시다

밤꽃

햇빛을 반사하는 밤꽃은
아버지가 며칠 동안
지푸라기로 꼬던 새끼줄 같아
한참을 눈 마중했다

총총한 작은 알로
샹들리에처럼 늘어진 하얀 꽃이
연노랑 밝은 햇살 풀잎처럼 상큼한
아버지 희망 줄 같다

학교에서 오니 두 분이 마당에서
짚단 엮어 짚초 더미 만들어
황토 지붕에 깔아 촘촘히 둘레치고
새끼줄로 초가지붕 묶던
그리운 아버지 어머니
다정스러운 모습 천상에서 잘 계시겠지

밤꽃 향기 무성하니
자연 속 생물은 저마다 잉태하려는 구애의 연주
찌르르 찌릿 찌르르 풀벌레 바이올리니스트
뽁뽁뽁뽁 개구리 큰북치고
쩌렁쩌렁 매미는 색소폰으로
들녘에 생존하는 교향악단은
밤꽃 향기 타고 흐르는 유월의 음악

행복한 문학소녀

왕십리
미아리
강남
서초구
분당으로
먼 거리 오가던
열정은 어디로 갔나

이제는 가까운 곳에서 쉬엄쉬엄
그것도 때론 할까 말까
반갑잖은 슬럼프가 찾아온 걸까

누구는 행복한 고민을 한다지
혼자 있느니보다
어울려 함께 하는 마음으로
발 끝에 채이는 시어에도
인생길을 향해
뚜벅뚜벅

오늘도
나는
꿈을 펼친다

언제나 청춘

도전이 있는 한 청춘
늦깎이로 배우는 인생의 즐거움
배움의 자리에서 만난 청춘들의 축제

서울과학기술대학교 100주년 기념관
국립한국방송·통신대학교 국어국문학과
전국 한마음 학술제 펼치니
의미 있는 뜻깊은 축제의 자리

세월 따라 나이는 먹어가도
항상 나이보다 더 젊은 열정으로
꿈과 이상이 있어 우리는 언제나 청춘

힘과 용기로 기쁨을 주는 사랑
그러한 삶을 사는 멋진 인생
우리들은
방송대학교 열정의 청춘들

빛나라 빛나라
도전하는 청춘들
학구열로 빛나는
우리는 언제나 청춘

외벽 줄타기

페인트 가득 담긴 통 안에 호수 줄 넣은
숙련공이 아파트 외벽을 칠한다
옥상 꼭대기서 새처럼 이리저리 날아
외벽에 뛰어내리며
오른손은 페인트로 흩뿌린다

수많은 세월 가슴앓이 앓듯
이런저런 말을 담아 두려니 얼룩진 흔적
고층 건물 무게로 서 있는
지치고 외로운 고단한 벽
상처 입어 금이 간 틈 사이는
방수로 땜방한 칼 수술 자국
초라한 진회색 빛이다

외줄 하나로 엉덩이 걸치고
휘휘 뿌리고 지나가니
새 아파트로 탄생한 보금자리

순간 티브이 [아이리스]에서 스릴 넘치던
이병헌 김태희 슬픈 러브스토리
총 쏘며 쫓는 이
소녀 안고 외줄로

건물 벽 징검다리 딛고 쫓기는 자
혼미 백신 조마조마한 이내 가슴 훔치고 보던
이병헌 배우가 떠 올랐다

생명줄 하나 줄에 달린 공중 곡예사
아파트 도색작업 한 날
새롭게 단장한 아파트처럼
인생길 마음 밭에 청량한 물결로
개나리꽃 피리라

황혼

황혼아 너 참 곱구나
힘 내려놓고
손주들 바라보며
곱게 물들어가던 어머니처럼

내 황혼에도 색색별로
빛나는 신앙이 되고 싶구나
누군가에게 꿈을 새겨주는 이로
하늘에 새겨진 그리움으로
돌아보는 나의 하루처럼

나도 누군가에게
위로와 평안으로 머무는
내 황혼에도
그랬으면 참 좋겠다
어머니처럼

끝사랑

사랑이란 말은 언제 들어도
설렘으로 다가와요
사랑이란 무한히 베풀어 나눌수록
넘치는 행복이 있어요

그대와 나는
영원한 첫사랑이요
앞으로 무한한 끝사랑이지요

자녀들 또한
우리의 영원한
첫사랑 끝사랑이지요

언제나 우리
첫사랑 끝사랑
풍부한 사랑으로 나누며 살아요

증포동 축제

어우렁더우렁 한마당 행사에
하늘에는 구름이 큰 독수리로
그늘 천막 날개를 펼친다

이천 청자
애련정
노래한 시화를 보니
가장 지역적인 문화가
가장 세계적이라며
지금을 노래했던 날들이
푸른 하늘 희망으로 펼쳐져
감사함으로 새기는
넉넉한 하루

이웃들이 있기에
지금 이런 자리에
우리들 또한
서 있음을 알기에
바람 한 점에도
풀꽃이
미소 짓는 하루

가을에

발끝에 차이는 낙엽 낙엽들
바람 따라 나뒹구는 한생
케세라세라

다행이다
반면교사 反面敎師
저기 있으니

첫사랑

눈길 하나로 마주친
청순했던 사랑
그리고 순수한 사랑
눈길 속에 감정을 느끼고
눈빛 속의 사랑임을 느꼈네

넓은 대지로 펼쳐진 모든 것들이
마음마저 밝게 했지

나의 사랑은
그대가 모르고
그대가 모르는 사랑은
나 또한 느끼고 있네

은행

이 한 알에 스민 사랑 잊을 수 없다
지독한 냄새 싫다 않고
냇가 찬물에 문지르고 문질러
평상 위에
몇 날 며칠

그 사랑이 빛난다

십일월

십일월은 열 달 동안
아이 뱃속에 품어 출산한 달
넉넉한 좋은 달에 옥동자가 태어났다며
시어머니 좋다고 함박꽃 피셨지

십일월은 논밭 들녘 산야로
감 서리태 배추 무 도라지
저마다 열매 맺어
손주 품은 시어머니처럼
무한히 넉넉한 계절

십일월은
풍성한 웃음소리
숨 쉬는 것만으로도
즐거운 달

저기 저 일하는 사람이

저기 저 일하는 사람이 한 집안의 가장인 것을
경사진 계단 언덕에 포크레인 한 대가
오르락내리락 포크 입으로
오므렸다 길게 폈다가 포크를 치켜들고 오른다

딱딱한 시멘트 바닥 쇠망치로 뚫어내며
찬바람 타고 한발씩 아래로 아래로
맨 아래 계단을 퍼 올린 흙더미에
아슬아슬 포크레인 운전사는
주름진 계단을 타면서 무섭지도 않은지

그대도 그러했겠지
돌 조각가로 출근하던 그대
저렇게 쇠망치로 다듬고
돌을 밀고 굴리며 돌가루 뒤집어썼겠지
기계음 소리와 한 몸이 되어 광을 내던 몸짓
지난날 힘들던 기억에
다시 그때로 돌아가고 싶지 않다던 그대

가장으로 힘들어도 내색 없이 참아내며
그렇게 일하는 사람이 한 집안의 가장인 것을
아이들의 아비고 누구의 지아비인 것을
세상의 소중한 가정의 기둥인 것을
저기 저렇게 아슬아슬 오르락내리락
일하는 사람이 한 집안의 가장인 것을

둘이서 도배를

녹초가 되는 걸 몸소 체험하고
풀 반죽을 잘못한 걸까
천장 모서리에서 한쪽을 붙이며 나가니
자꾸자꾸 떨어져서
용쓰다 애쓰다가 머리와 온몸에 풀칠을 했다

작은 방은 아직 남았는데
피곤은 안 풀어지고
대리점 전문가에게 맡기면 편할 텐데
도배 값보다 인건비가 몇 배인지라
오순도순하려고
그이와 둘이 시작한 손놀림은 더디기만 하다

그이가 혼자 하기는 힘들어 내가 보조로
나 혼자 하기는 힘들어 그이가 보조로
옆에서 당기고 맞추고 문지르고
어이구 삭신이야
도배했다고 온몸이 아프다

모서리에 무르팍을 찧고
일어서려다 갈비뼈를 부딪치고
엑스레이 찍으니 안 나와

MRI CT 촬영하니 뼈에 금이 갔단다
의사는 두 달 동안 조심하라 진단한다

어디에나 전문가는 있다
왜 전문가를 쓰는지
도배 하나에도 교훈이 있다
나는 무엇의 전문가인가?

우리고 우려먹는 사랑

그이가 사골을 사 왔다
총각 때 오랫동안 자취했다면서도
결혼한 농시에 반납했던 주방 실력을 발휘한다
첫딸을 낳아줘서 기쁘다며 입 벌어진 채로

우려내기 위한 노력을 시작한다
사골을 담은 무채색 양푼에 물을 붓고
몇 시간씩 핏물을 빼더니
곰솥에 맑은 물을 붓고
기름기를 빼기 위해 초벌을 지핀다
결혼 후에 언제 나를 위해 저렇게 해준 적 있었던가
누워 있는 애엄마 보고 벙글벙글
아기 보고 싱글싱글

아내가 좋아하는 쪽파를 송송 썰어
예쁜 그릇에 담아 냉장고에 보관하고
먹을 때마다 두 숟가락씩
진한 국물이 구수하니 눈물겹다
뽀얀 국물에
연골 살점 풍요히 얹어 준 마음

삐걱거릴 때가 한둘이었겠나
그때마다 나를 지켜주는 사골국
지금도 그 사랑을 우리고 또 우려먹고 있다

선물상자

추석이 가까워져 오자
아들이 사 보낸 사골 한 박스
명절 분위기답게
곱게 포장된 상자를 열어보니
큼지막한 한우소 뼈가 정갈하니 탐스럽다

딸 아들 낳고 사골국을 먹었는데
이제는 딸 아들이 매번 보내오는
색다른 선물꾸러미들
장성한 자녀의 따뜻한 마음이 사랑스럽다
자녀들 키운 보람이 기쁘다

이제는 나이 들어가니
젊은이처럼 뼈와 연골을 잘 유지하라고
한우 사골에 정성 된 마음을 주니
고마워라
자녀들 키운 낙이 이런 건가 보다

새집이 우리에게로 왔다

찬 바람이 불면 신혼 시절 생각이 난다
오래된 아파트 노화된 연통으로
연탄불은 가스 냄새로 진동하고
거실과 안방에는 온기가 차지 않는 방
베란다에 설치해진 연통 가까운
작은방 미지근한 온기로
안방 놔두고 거기서 지냈다

초가을부터 신혼 생활은 추웠다
둘이 꼬오옥 더욱 온기를 채우며
사랑 하나로 노래하던 아련한 밤이다

집주인에게 말했으나
매매로 내놨다며
우리 보고 구입하라는 말뿐이다
돈은 있어도 차마 살 수 없는 집

찬 바람 속에서 다져진 사랑
몇 해를 보내니
새집이 우리에게로 왔다
작은 평수지만 따뜻한 보금자리
늘어나는 살림살이로
자꾸자꾸 사랑 노래 흥얼이게 한다

혼합 죽을 끓이다

요즘은 모든 것이 융합되는 시대
돼지갈비 모듬야채 샤부샤부
숯불에 지글지글 익어가는 고기와
육수에 풍덩풍덩 몸을 담그는
각종 버섯과 색색 야채들
시대를 따라 콜라보를 이룬다

칼국수를 먹고 난 후에 볶음밥으로 먹지만
우리는 그 원칙을 바꾼다
칼국수에 육수 넉넉하니 붓고
칼국수 쌀죽으로
시대의 융합을 실천해 본다

첫눈이 내리면

첫눈이 내린 올해도
십이월이 저물어가니
소원을 끄집어낸다
이루었던 소원과
미처 이루지 못한 소원을

말없이 내리는 소식에
초가집 방문을 열고
대나무 울타리가 있는 마당에 서서
펑펑 쏟아지는 꽃송이
첫눈을 맞으며
기도하던
그때 그 순수한
소녀가 되어 세어본다

3부
시인과 사색

고향의 안부

푸르고 맑은 하늘 흰 구름 두둥실
돌담 아래 마당 가엔
철쭉과 잔디꽃이 예쁘게 피어올랐고
푸른 나뭇가지엔 새소리 노랫소리에
이른 새벽 나를 깨우는구나

저 먼 산
산꼭대기 봉우리엔
대자연의 푸르름을 자랑하고
알록달록 예쁘게 수놓은 꽃들은
한 송이 아름다움을 뿜어내는구나

정겨운 나의 고향
내 고향은 전라남도 영광
친구들과 뛰어놀던
그 시절의 추억을 고향 집 마루에서 새긴다

언덕배기 뒷산에서의 칼싸움 숨바꼭질
목자 치기 제기차기 공기놀이 고무줄놀이
우물가에 물길어 물동이 머리에 이고
부엌에 있는 커다란 물독

항아리에 가득 채워 놓고
함께 했던 소중한 추억들
그때의 동무들은 어디에 살고 있는지

옛 추억 가득 담아 안부 띄워 보내니
바람아 구름아 햇살아
소식 좀 전해 주구려

토끼 세 마리

  토실토실한 토끼 세 마리 소나무 숲 아래 천막 보온으로 가려진 채 어둠 캄캄한 추운 겨울을 지낸다. 천막을 걷어 쪽문을 여니 문 쪽으로 몰려들어 도망갈 줄 모르고 초롱초롱한 눈빛으로 다가와 손등에 입맞춤한다. 깊은 산속 자연 숲에서 살아야 할 것이건만 사람이 풀을 뜯어 먹이고 키워 사람 손을 타서 사람 무서운 줄 모르는 녀석들 언젠가는 그 누가 잡아먹겠지

주인장 어르신
잘 키웠으니 자연 숲속으로 보내 주구려
사람 인심 한번 토끼에게 베푸소서
뗐기 이 사람아
혀를 차며 내 살다 살다
별 미친 사람 다 보겠단 듯이
위아래 훑어 쳐다보며
사람이 모두 먹고살자고 키우는 건데
참견 말고 구경만 하고 가소

마음의 사랑

그대를 사랑함에 잎이 돋고
아름다운 꽃을 피운다
그대 사랑함에
영원히 그 나무의 뿌리 거름 되리

그대를 사랑함에 힘이 솟고
파릇한 기운이 돋는다
그대 사랑함에
영원히 그 나무에 머무르며 살아가리

새소리

아리산 산책로에
뻐꾸기 소리가 들려온다
빌길음 밈추어 저 산을 바라보니
뻐꾸기 소리
저 먼 산으로 날아가나 봐
한층 뻐꾹뻐꾹 울음소리가 멀어져 간다

새소리에 눈길을 돌려보니
다섯 마리 참새떼가 초록 소나무 가지로 앉는다
나의 걸음을 앞질러서
땅으로 내려앉았다가
나뭇가지에 올라앉았다가
재롱잔치 노래로 선물해 주니
걸음걸음마다 즐겁게 하는구나

흥겨운 마음을 더해 주는 참새떼
어느덧 친밀감까지 더하는구나

나 그대의 임으로

겨울비처럼 촉촉한 그대로 오시는가
새벽 네 시 아파트 지붕 처마에서
떨어지는 빗소리가 쉴 새 없이 세차게 몰아친다
톡톡 톡토도 톡토 톡톡 톡톡
봄비 가을비 겨울비가 추적추적 올 때마다
귓가에 소음이 아닌 음악의 멜로디로
장구 장단 춤 두드리는
기분 좋은 이 새벽이 마냥 행복하다

겨울비 같은 촉촉한 그대가 오시는가
나의 사랑 어여쁜 임이시여
기쁨과 슬픔 아픔과 설움도
함께 했던 세월
그대는 나의 동반자
고난의 흔적 발자취
내리는 빗방울처럼 자유롭게 흘러 흐르고 싶다

나 그대의 임으로
어여쁘게 살아온 삶의 여정을
아름다운 숨결로 곱게 곱게 물들어
나의 흔적들을 살포시 남기리다

엄마 생각

내 마음 깊은 곳에서부터 엄마 생각이
날 때면 가슴 아픈 슬픔이 물밀듯 밀려옵니다
하늘을 보며 엄마를 불러 봅니다
'엄마'
'엄마'
그 이름만으로 눈가에 별빛이 보입니다
수도꼭지 물은 잠그면 그만인데
가슴을 열어 미어지는 슬픔은 그치질 않습니다
담쟁이 줄기를 잡고 파르르 떨다 떨어진
가녀린 이파리에 흐르는 눈물을 보았습니다
헤어짐은 인생의 섭리라지만
애절한 기도의 응답도 없이
떨어질 때의 모습이 뇌리에 남았습니다
꿈을 통해
'엄마다 새벽이다' 미리 알려주며
말씀하셨던 음성이 생각이 났습니다
그래도 바보같이 돌아가실 줄은
꿈에도 몰랐습니다
살아생전 다하지 못한 정성이 후회로 남아
방구석에 쭈그리고 앉아 하염없이
흐르는 눈물을 닦았습니다
봄이면 파릇하게 솟아날

목향木鄕의 날에
아픈 날개 접고 웃으며
다시 만날 천국 소망으로 눈물을 접습니다
알맹이를 갊아 껍데기만 침상에 누운
엄마의 모습은 곱게 물드다 떨어진 낙엽입니다

아기 참새

아기 참새 두 마리
도란도란
가을 나뭇가시에 앉았나

아기 참새 두 마리
얼굴 맞대어
재잘재잘하더니
날아가 버린다

넓은 대지를 춤추어
훨훨 노닌다

새처럼 자유로운 모든 공간이
내 집이면 참 좋겠다

반지

나이 오십 중반이 되니
안 하던 반지도
이제는 끼고 싶은 마음에
세월 함 보석 상자를 열어본다

손 마디마디는 굳은살로 굵어졌다
반지는 손가락 중간 매듭에 걸려
석재 조각가 인생 노고가 묻어난다

결혼예물 18k 반지 놔두고
18k 목걸이를 팔아 반지로 주문하여
똑같은 반지를 끼고
부부 손 인증사진 찍으니
누가 볼까 창피하다는 잔소리
신혼처럼 좋아라
함박웃음 꽃피는 내 얼굴
새로 맞춘 반지로 신혼 시절을 되찾는다

사랑 차

수업을 마치고
정성옥 대학원 동기와 귀갓길에
신도림역사 안에 있는
불빛 찬란한 테이블에
빵을 겸해 파는 찻집 카페에 앉았다

유자차 두 잔을 시켜 놓고
카스텔라 **빵**을 먹으며
미래의 설계를 나누었다

꿈을 마시는 차는
노란 유자차보다
더 진한
빨간 사랑 차를 마신다
소망 꽃도 부풀어 붉은 꿈을 태운다

호박꽃

삽자루로 구덩이 파고
나뭇가지로 삼각 비닐 씌운다
작은 씨앗 하나가 밀알로 싹을 틔우고
잎줄기 넝쿨 뻗어
동서남북 달팽이 고리로
넓은 손 활짝 펼치고
노란 별 등잔불을 켜니
벌 윙윙
흰나비 팔랑팔랑
노랑 꽃술에 발 도장 찍어
암수 혼인하는 자연의 섭리로
사랑의 증표 동글동글 애호박이 생겼다

노랑나비 한 쌍 나풀나풀 춤춘다
샛노란 입술 향내에 취하여 입 맞추고
이 꽃 저 꽃 이야기꽃 피운다
노란 복주머니에서 금가루 꽃술 뿌린다
어찌 예쁘지 아니하랴
이렇게 고운 호박꽃을
못난이 비유로
호박 같다는 표현은 맞는 말일까

마음 밭에 고운 꽃으로

어느덧 눈가에 주름진 얼굴
그대여 늙었다고 생각하는가
지금이 젊음이라고 위로하자

내일은 어제의 청춘 날 추억
이 시각 현재 이 순간을
성실히 소중하게 살아가는 삶이
행복하고 즐거워야
하루하루 아름답고 평화로운 삶이 되어
일생이라는 멋진 인생이 되듯이

상처가 아물지 않아 힘든 세월로
그대 괴로움에 사로잡혀 사는가
많은 생각은 잡념과 상념으로 괴로움만 커져
번뇌와 고독 외로움과 실망낙담은
눈물 키우는 넝쿨이 무성하게 만드는
잡초의 마음을 뽑자

아름답게 꾸며놓은 정원사처럼
인생의 삶 자락에 날아드는
종달새 꾀꼬리 노래 장단에 춤추고 노닐어
마음 밭 가꾸는 햇빛 거름 되어
풍요로 드나드는 고운 꽃으로 피우자

양산

여름 햇볕 양산 위로
새겨진 붉은 꽃 알알이 핀다
하얀색 청색 연한 하늘색 검은색
바탕에는 멋진 꽃무늬

태양은 이글이글 두 시
더위 땀방울로
바람은 시원하다가 열풍 부니
여름 내내 손에 든 양산 그늘막

사람의 모습 향기 품어
한 송이 어여쁜 꽃
무더위 속 구름 기둥 되어
젊은날 즐기던 양산
손에 드는 거추장스러움보다
때론 모자가 편해 모자를 쓰고

온몸을 태우듯 햇볕이 따가울 적엔
오아시스 그늘이 될 양산을 쓴다

복하천에서 외삼촌을 만난다

남편하고 자주 다니는 복하천에는 외삼촌이 계신다
수변공원 돌다리 건너 물줄기 따라
길 따라 걷다 보니 높은 교각 철길에
경강선 판교와 여주 방향 전철
네 량이 나란히 스치며 지나간다

어릴 적 서울 외삼촌 댁에 갔을 때
외삼촌 외숙모 벽돌 찍는 하루가 시작되고
그곳 판자촌에서 보았던 기차 소리
나보다 더 어린 외삼촌의 아이 소년은
신기롭다 손을 흔들어 서서 사라지도록 응시한다

때 묻지 않은 순수한 소년은
그 안에 타고 떠나는 사람들이 반가워서
어딘가에 있을 친구가 그리워서
정겨운 인사로 건네는 표현일 거다

갈색 억새 아래 새싹 억새가 무성하다
풀벌레 꿈틀꿈틀 삶을 찾아 어디로 가는지 분주하다
노랑 애기똥풀 지천에 물들고
씀바귀는 꽃다발이 되어 어여쁘다

세 잎 클로버 몽실한 하얀 꽃 보니
꽃반지 끼고 목걸이 팔찌 만들어 채우던
어릴 적 추억이 꿈틀댄다

하천엔 흰 왜가리 외로이
가냘픈 긴 다리로 물속 거닐며
물고기 잡아먹으려 찾고
모심은 논에 청둥오리 네 마리 부부 쌍쌍
노니는 평화로운 풍경
하늘에 떠 있는 구름은
흰 구름 새털구름 솜털 구름이 더욱 푸르다
남편하고 자주 다니는 복하천에는
외삼촌이 살아 계시다

인생살이

하루살이는 하루밖에 살지 못하는 걸 알까?
하루살이의 아침은 열정 꿈 희망 사랑
최선의 도전 날갯짓으로
소중한 하루를 향해 빛으로 떠오른다

때론 위험한 고난의 덫으로
가로등 유혹에 스며들어 타 죽기도
수북한 시쳇더미로 쌓일 때
그 안에 어찌 들어갔을꼬
안타까운 심사로 꿈틀거린다

하루살이는 하루밖에 살지 못하는 걸 알까?
어머니가 마당에 모깃불 피워 놓은 시골집
우물 수돗가 오촉 전구에
정신없이 돌고 도는 물레방아 꽃 핀다

이천 청자

오랜 세월 동안 함께한 청자기는
부부 금실을 지켜준 은총이다

이천 도자기축제 행사장에서
신혼 초에 구입한 사군자 도자기
안방 장롱 위에서
둥글둥글

어린아이 손에 깨질세라
높은 곳에 두었더니
빛은 보지 못했지만
언제나 벙긋벙긋

사계절 방안에 꽃 피워 사반세기
동고동락 묵묵히
모든 시련을 견디며 살아온
인생의 동반자

오랜 세월 함께한 청자기는
부부 금실을 열어주는 은총이다

어버이날 선물 Ⅱ

예쁜 공주 딸과 멋진 왕자 아들이
떡케이크 위에 색색 앙금으로
가네이션 꽃다발 열한 송이 빚
연한 핑크 분홍 빨강 진빨강 알록달록 장식하고
연둣빛 기둥 세워 하얀 들꽃잎 다섯 잎씩 넣은
여덟 송이 순백의 꽃 세 다발
이니셜은
건강하게 행복하게
글귀로 새겨 넣고
떡케이크에 꽂은 팻말
감사합니다
사랑합니다
카네이션
푸른 촛대 붉은 불에 은박 하트는 더욱 반짝여
오색 무지개 하트 꽃 펼치니 화사하게 돋보인다

어버이 은혜 감사하다는 축하 노래로
케이크에 꽂힌 꽃 모양을 올리니
만 원 오만 원 돈다발이 줄줄이 나온다
아들이 선물을 건네며
이거 드시고 아버지 어머니 건강하세요
인삼꿀청과 마꿀청
두 자녀가 준비한 행복한 시간

어버이날 선물보다
그 마음 정성 손길이 고마워
잘 지은 자식 농사 감사로 흐뭇하고 행복하다

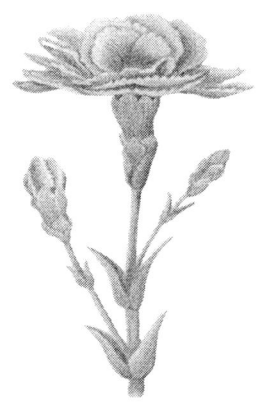

앨범 사진

사진 정리할 겸 다이소 들러
크기대로 틀 속에 끼워 거실에 장식하니
사진이 많다는 그이의 핀잔에도
내 취향 행복을 빼곡히 채워 놓는다

여름 휴가철 가족사진
삼척 바닷가 보트 타고 환선굴 탐험
해양 레일바이크 경상도 금산 산장
한려해상 국립공원 하동 짚와이어
스릴 넘치는 여행이었지

행사 때 찍은 기념사진
아버지 회갑 때 열창하시던 남산 큰엄마
어머니 마이크 잡은 손 잔잔한 노래
친척들 모여 어깨춤 추며
즐거운 날 함께 하니 행복하었지

그이가 찍어 준 생일 사진
유치원 딸 아들 고사리손 케이크 촛불로
장미 꽃다발 받고 행복한 얼굴
그때 축하 메시지는 지금도 말하고 있다오

소중한 얼굴이 미소 짓는 추억
보면 볼수록 새록새록 다가와
저절로 피어난 흐뭇한 웃음이 좋아라
그 시절로 동화되어 느끼는 기분이 참 좋아라

아가씨 적에 찍은
추억의 앨범 사진에는
희미한 필름 재생되어 정이 흐르고
시절 따라 만난 인연은
어디서 무얼 하고 살까
달덩이처럼 부푼 그리운 마음만 쌓인다

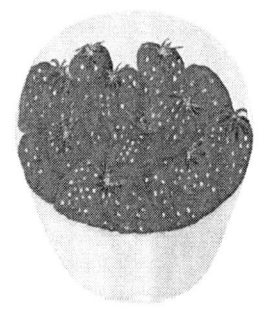

거미줄

앙상한 베인 나뭇가지에 은실 칠한 무늬
반짝이는 햇살 반사되어
얼굴이 닿을 뻔하여 뒷걸음질 치며
막대기로 휙휙 휘젓고
사람이 지나는 길에 누굴 낚으려나
겁 없이 그물 쳐 놓은 범인을 잡으려니
흑 거미는 보이지 않는다

물 빠진 얕은 방죽에 물고기 튀어 오르니
첨벙첨벙 힘 있는 소리
잔잔했던 물결은 나이테 넓게 울림이 퍼지고
둘레길 거닐며 자연의 친구가 된다

어머나 주위에 꽃들이 피었네
활짝 핀 붉은 복숭아꽃 예뻐라
들꽃 난초랑 도란도란 이야기 나누고
노란 병아리 옷 입은 민들레꽃
팡 팡팡 피워 유혹하는 봄
싱그러운 꽃향기 가득한
여기도 벙긋벙긋
저기도 방긋방긋
하늘의 해님도 덩달아 싱글싱글 쨍쨍 쨍

꽃길만 걸으라 말하네

벚나무에 찬란한 봄이 주렁주렁
진분홍 하얀 꽃송이 날려
양 갈래로 솟아 뻗은 터널 가로수 길
벚길은 꽃길로 수를 놓고
내게 꽃길만 걸으라 말하는 것 같다

이렇게 근사한 곳이 있구나
와! 멋지다
와! 멋지다
감탄으로 행복한 하루
상쾌하니 기분 좋은 꽃길을 걷는다

혼자 외로워 마라

혼자 외로워 마라
두루두루 둘러보고 살펴보면
꽃도 나무도 친구이고
날아가는 새들도 노랫가락 띄어주고 가잖니
개울가에 자갈 스치는 물도
졸졸졸 콸콸콸 좔좔좔
유쾌 상쾌 경쾌한 멜로디 전해주잖니

바람은 새근새근 아가 꽃잎 향기 주고
하늘의 구름도 해와 달이 외로울까 벗이 되잖니
새벽이면 해가 웃어주고
저녁이면 노을 진 하늘을 봐봐
오색 물감 찬란히 빨갛고 노랗고 파랗고 갈색
주황 물결 춤추고 넘실거리고
캄캄한 밤 무서워 두렵지 않게
별들이 속삭이며
길 안내자 되어 함께 하잖니

우주에 말없이 도움 주고 기쁨 주는 벗이 많으니
혹여 술잔에 고독 심어 눈물짓더라도
금방 털고 하늘을 봐
바위틈에서도 나무는 자라고

콘크리트 속에서도 꽃은 피어나고
썩은 고목나무에도 새싹이 돋아나고 있듯이
꿈과 희망 소망 속에 굳은 의지로 주위를 돌아봐
외로우면 외로울수록 두루두루 돌아봐
꽃도 나무도 친구이고
무리무리 새들도 노랫가락 띄어주고 있잖니

야외 나들이

애들이 쓰던 보온 도시락 싸 들고 나선길
야산에 올라 엄나무순 가시오갈피 뜯고
어느 도롯가 벚나무 그늘에 차 세입 놓고
뒷좌석에 앉아 중간 팔 거치대 펼쳐 반찬 올려
청국장 끓여 담은 보온병 뚜껑으로 국그릇 삼아
그이와 오붓한 점심 도시락을 챙긴다

옥수수 반 토막 나눠 먹고
반찬 그릇에 밥 말아 허기진 배 채우니
펼치는 꽃비는 함박눈처럼 휘날리어
열린 차 문으로 벚꽃잎이 들고
식사 자리에 합석한다
따스한 햇살 보드라운 바람
시원하게 불어주니 소소한 이 시간이 행복하다

일하던 포클레인 지게차 식사하러 달리는 풍경
왜가리 새 한 마리 맑은 물 가득 채워진 논에
미꾸라지 물고기 잡아먹는 재미로 푹 빠졌다
저 건너 꼬부랑 할머니 허리 굽혀 밭일하느냐
두 손 부지런히 움직여 노력의 씨앗을 채운다
자연의 휴식 취하러 나온 하루는
금보다 값진 보배로운 귀중한 생활 감사하다

생강차

꿀에 절인 생강차
생강 향기로 입안에서
꿀 향기 달콤함이
조화로운 감촉으로 혀를 자극한다

목으로 흐르는
시원한 감칠맛이
강하고 독특한
톡 쏘는 향은 제맛이다

엄마
나는 커피 마실 건데
엄마는 무슨 차?
생강차
딸이 손수 타 준 생강차 한잔
사랑스러운 마음이 스민다

피부와 감기에 좋은
생강차를 타서 마실 때면
복스러운 딸을 떠 올린다

밤하늘 별똥별

밤하늘에 두둥실
밝은 달이 떠오르고
별 하나둘 셋 비추어
별들의 합창단을 이루어
세상 등불 밝히니 낮처럼 환하다

별똥별 하나가
아랫마을로 떨어진 어린 시절 꿈 이야기
그 꿈이 무슨 꿈일까
내심 마음에 담고 살았다

서울로 취업한 지 1년
태어나 자란 초가집에서
아랫마을로 이사했다는 손 편지 읽고
별 하나 앉던 그 집터는
부모님 집이 되었다는 걸 알았다

서울 구름이 초승달 그리니
하늘 천사는
별 낚싯줄로 세상에 배 띄워
깊은 샘 두레박에 소망 꽃 핀다

우주로 향한 평화로운 세계는
달빛 속에 스며들어 별 반짝이는 세월에
소녀의 꿈은 하늘처럼 반짝반짝인다

어머니

어머니는 농사일 위해 쌀 쪄서 누룩 섞어
방 아랫목 따뜻한 가장자리 술독 항아리에
솜이불로 둘둘 덮어 놓으시고
발효 2일째 술이 부글부글 끓어 올라
시시 시시 샤샤 샤샤
팽창한 부피만큼 끓는 소리
발효가 잘되게 고루 저어 주시던 어머니

술 발효는 효모와 초산균 자리싸움
탄수화물 쌀에 효모가 들어있는
누룩곰팡이 첨가해 발효시켜
탄수화물 포도당이 알코올로 탄생하는
아버지 어머니의 현명한 노하우가 있다
공기 방울 올라오고 항아리 안에서
성냥불이 꺼지면 발효가 진행 중이고
부피가 줄고 불꽃이 안 꺼지면 발효 완료다

사카린 넣은 단술을 만들어
단술은 먹어도 괜찮다며
한 그릇 떠 주시던 어머니

아버지 심부름

정애야 막걸리 한 병 받아 오너라
큰딸 낳고 친정 갔을 때
술 심부름 나선 길목에
시댁 큰아버지
친구분하고
주막 담장 아래 앉아 버스를 기다리신다

난처한 표정으로
안녕하세요
인사만 하고 술병 들고 오던 날
설마 내가 술 마신다는 오해는 안 하겠지
시집가서도 술 심부름해야 하나 싶어서
언짢은 마음 드러내어
불편한 심사로 내비친 말에
아우 시키지 정애 시켰냐며 어머니가 편드셨지

아버지가 좋아하는 술도 안 사 오니
음식이 당기신 그 마음을 늦게야 헤아려본다

4부
햇살에 기대어

선량한 양반이었어라

2019년 12월
아버지 봉분하는 날
마을회관에 동네 어르신들 한마디씩 하신다
연동 양반은
술 좋아혀서 마누라 속은 썩였어도
남한테는 흠잡을 데 하나 없는
아주 선량한 분이셨어라
얌 남이 하나를 주면 둘을 주는 사람이었재
그냥 받고는 못 견디는 양반이었응게라
좋은 사람이었응께 좋은 곳으로 잘 가셨을 거요
아버지 가시는 길
이웃분들과 친척분들이 회관에서 나눈 점심
살아생전 술이 친구요 즐거운 낙이셨는데
술 좋아하시는 아버지가 싫어
기뻐하지 않은 마음이 후회로 남는다

갈대 I

바람이 불면 부는 대로 호흡 맞춰 춤추는 갈대
흔들흔들 흔들려도 쓰러지지 않아요
가느다란 들풀이 자라 강인한 억새가 되도록
비바람 태풍 번개로
고난 풍파 절망을 끌어안아
인내를 배우고 희망을 품어 키워
감사로 말하고 기쁨을 담았어요

누가 여자는 갈대의 마음이라 했던가요
때론 변덕스러운 마음 때문일까요
계절 따라 흔들리는 마음을 담은 걸까요
여자의 마음은 가랑잎 떨어지는
낙엽 소리 하나에도 눈물 흘릴 줄 알아요
그러나
온 우주의 품을 소유한
흔들림 없이 살아갈 곧은 심지가 숨어 있어요
하얀 갈대숲 걷던 여인을 그려 보아요
강가의 바람도 긴 머리 휘날리며 예쁘다고 말하네요

갈대 II

가을바람 낙엽 길 밟아
갈대숲에
우리 아이들 고사리손 잡고
바람에 흔들리는 갈대를 길게 꺾었어요
주기도문 콧노래로 갈대를 품고 있을 때
절에서 들려오는 목탁 소리 머리가 맑아지네요

목탁 소리 청아하니
마음의 평안을 안겨 주네요
어디선가 나를 위해 축복해 주는 듯 들려오고요

두 손으로 갈대 가득 채워 들고 왔어요
빨강 파랑 하얀 노랑 초록
오색 물감 곱게 붓칠하여 고운 색동옷 입혀
항아리 꽃병에 꽂아 놓았지요
알록달록 예쁜 무지갯빛 햇빛이 반짝거려요
두 아이 덩달아 신났어요
재밌는 그림 놀이 한바탕 화가로 탄생시켰지요

꽃다발

2020년 안수식에 받은
두 개의 꽃다발
수반 유리병에 장식했더니
예쁜 꽃향기로
집안이 화사하니 밝다

딸 아들 그이가 준비한 꽃다발
김경자 목사님이 주신 꽃다발
목사임직을 축하합니다
풍성한 감동이 넘치는 은혜다

카톡으로 받은 두 편의 메시지 글
목사님 취임을 축하드려요
다시 한번 축하드립니다

3월 12일에 받으셨군요
두렵고 떨리는 마음으로 사명 잘 감당하시길
좋은 목사로 이 세상을 복음화시키는 일에
쓰임 받기를 기원합니다
축하 인사는 늦게 받아도 기분이 좋다

마음의 치유되는 노래로 살아요

마음 잔잔히 평온한 나날이면 좋겠어요
그 누가 불쏘시개로 건드려도 흔들리지 않는
먹구름 몰고 와 비바람 몰아치고
태풍 번개 번쩍거려도 참고 견디어
잔잔한 바다 푸른 하늘처럼
아름다운 모습으로 유지하고 싶어요

그 누구 하나 따뜻한 말 언어의 사랑으로
마음 편하게 하는 이 없어도
시기 질투 비평 가시 돋친 말에도
웃음 짓는 여유로움으로
걷는 길에 사람들이 알아주지 않아도
묵묵히 마음 다스리며 홀로 걷는 험난한
인생길이 그저 기쁨이 되었으면 좋겠어요

사람들로 인하여 상처받아 속상하고 쓰라려도
그 한 곳에 마음 **빼앗기지** 않는 시련을 견딘
봄처럼 빛나는 삶이었으면 좋겠어요

때론 가장 가까운 형제 가족에게
말로 받은 상처로
서러워서 울기도 마음 아파하기도 하지요

그런 것에 연연하지 않는
마음 안의 용서라는 자리 하나 만들어 보아요
그러한 치유되는 노래로 살아요
마음 의지할 데 없는 외로움과 고독이
심중에서 곤두박질칠 때면 아픈 심정을 달래어
가만히 두 손 모아 기도해요
노트에 두서없는 글 긁적거려 보아요

코스모스 꽃길

코스모스 길
하늘하늘 거닐 때
개미허리 가냘픈 몸매
홀쭉한 키다리 아가씨
중학 시절 한길 따라 줄지어 핀 코스모스는
내 키보다 더 컸던 코스모스 꽃길
실바람 불어 대니 흔들흔들 춤추고
꿀벌 잠자리 나비 날아와 꽃잎에 앉아
세차게 바람 부는 날
그네 타며 대롱대롱 즐긴다

하굣길 꽃길 도롯가
꽃길 걸었던 학창 시절 그 가을날
예쁜 색깔로 수놓아진 꽃잎
하얀 분홍 **빨강** 노랑 연보라 진분홍
친구와 가위바위보 하던 코스모스 꽃잎
꽃 한 송이 귀에 꽂아 웃음 짓던
순수한 동심의 날개로 펼쳐본다

이른 저녁
솔잎 같은 실오라기 줄기잎 사이로
석양 노을빛 물들 때
왕거미 한 마리 거미줄 치고
청순한 꽃술에 그늘질라
강아지풀잎으로 거미줄 거둬 내고
오솔길을 걷는다

시냇물

산비탈 계곡 물줄기 따라 흐르는 시냇물
바위 자갈밭 모래흙 환경도 탓 없이
고스란히 갈 길 묵묵히 행하는 행진곡
노랫가락 졸졸 유유히 흐르고
필요에 따라 샛강도 만들어
시원한 생수 되어
산들 논밭에 풍부한 자원을 만들어 준다

아이들 물장구치며 개 헤엄칠 때
깨끗하게 씻겨 한바탕 놀아 주고
나뭇잎 가랑잎 벗 삼아 여행길 흐를 때
소원 담긴 종이배 띄우니 둥둥둥

하굣길 시냇물에 몸 담근 기억
친구는 뭍으로 나가고 일어서려는데
발끝을 누가 잡으려는 소름에
후다닥 나와 물을보니 아무도 없다

여기가 너희 오 씨 문중 제각이란다

땡볕 한낮 더위에 밭고랑 메시던 어머니
무성한 나뭇잎 사이로
계곡물에 더위 식히고
챙겨 온 점심 도시락으로
산 뜰에 자리하는
오 씨 제각 앞뜰의 풍경을 바라보며
마루에 걸터앉은 둘만의 만찬
밥 김치 물뿐이지만 최고의 맛이었지
정애야
여기가 너희 오 씨 문중 제각이란다
국민학교 중학교 소풍날에 지나던 그곳이
오 씨 문중 제각 자리 길목이었다

옛 자리의 고풍스러운 건물들은 불타서 사라지고
새롭게 지워진 오 씨 문중 제각을
부모님 산소 가는 길 차창으로 보이는
신식 제각이 마을 어덕에 곧게 세워져 있다

어머니와 옛 제각 터에서 나눈 추억이 서린다

복 돼지

대마면 연동 대문 없이 사는 마을에
옆집 돼지 울안에 우리집 돼지 키운다
어머니 들통에 먹이 들고 따라가니
돼지 밥 좀 줄게요
거치는 마당 가에서 선자 아빠에게 인사말

우리집 돼지란다
돼지우리가 없어 거기다 놓고 키운다고
말씀하신 어머니

아침밥 기다렸다는 듯이 반갑게 다가와
꿀꿀 꿀 꿀꿀 꿀꿀 꿀
시끄러운 합주곡 소리 흐름이 쟁쟁거리고
털은 윤기로 매끈하니
살이 통통 오른 돼지 삼 형제
학생 때 키우던 검은 돼지는
부모님 희망 돈줄로
기쁨이 되었을 그 시절 복 돼지

내가 살아가는 이유

내가 살아가는 이유는
하나님이 살아계셔서 용기와 꿈 희망 주시고
선신할 수 있는 말씀에 힘을 주시기 때문입니다
내가 살아가는 이유는
아직도 해야 할 사명이 남아 있기 때문입니다
내가 살아가는 이유는
사랑하는 사람들이 있기 때문입니다
내가 살아가는 이유는
소중히 여기는 사람들이 있기 때문입니다
내가 살아가는 이유는
소중한 사람들이 있기 때문입니다
내가 살아가는 이유는
믿어주는 사람들이 있기 때문입니다
내가 살아가는 이유는
진실은 살아 역사하기 때문입니다
내가 살아가는 이유는
험난한 세상도 삶은 아름답기 때문입니다
내가 살아가는 이유는
남부끄럽지 않은 인생을 살기 때문입니다
내가 살아가는 이유는
부부는 일심동체(一心同體)로서
한 몸 이룬 가족이 있기 때문입니다

흐르는 물처럼

흐르는 물은 지혜롭게 흘러가고
바위가 앞을 막으면 비켜 갈 줄 아는
도랑이 꼬불꼬불 갈 길이 멀어지면
굽이굽이 유유히 즐기며 가고
흘러가는 물은 낭떠러지를 만나면
용기를 내서 과감히 뛰어내릴 줄도 알고
뒤돌아보지 않고 오로지 지금에 충실한
끈기와 인내

내 인생길도 흐르는 물처럼
바위를 만나면 바위와 놀고
구부러진 도랑에선 도랑과 어울리고
낭떠러지는 폭포처럼 하나가 되고
어떤 시련과 고난을 만나도
자연스러운 조화 이루어
마음 밭에 차곡히 채워진
꽃향기 피워 올리길
흐르는 물처럼

찹쌀 호떡

1.
매서운 바람 아랑곳없이
길거리 리어카
천막에 호떡 아줌마
반죽해 온 찹쌀에 설탕 잣
해바라기씨 넣고
둥글둥글 하얀 공 만들어
뜨거운 철판에 튕겨주고 누르고 뒤집고
손 호호 불며 들어서는
손님들에겐
한겨울에 꿀맛이다

시린 입김 날리며
봉지 내민 웃음으로
고맙다 맛있다
호호 불어먹는 이 맛
사랑으로
뜨거운 호떡

2.
앗 뜨거워!

꿀 한 방울 입가에 떨어지니
놀라게 해 주는 호떡

인생살이 쓴맛처럼
뜨거운 맛도
보여 주는 호떡

가족

내 가족
여행도 다니고 산행도 하는
영화도 보고 장날 시장도 다니는
옷 신발 사러 다니고 외식도 함께 하는
병원에 입원할 때 제일 먼저 달려와 주는
즐거울 때도 슬플 때도 제일 먼저 찾아오는
아플 때 약국 가서 약 사다 주는
아파 누워 있을 때 걱정해 주는
허리에 힘이 없어 다니기 힘들었을 때
몸 일으켜 세워 지탱해 업어 준
머리 감겨 주는
때론 힘들게 하여 눈물도 흘렸지만
좋은 일이 있을 때 함께 기뻐하는
슬픈 일이 있을 때 같이 슬퍼하는
용기와 힘을 불어넣어 주는
사랑이 넘치도록 채워 주는
자녀에게 모든 것을 주어도 아깝지 않은
자녀의 꿈을 밀어주고 키워 주는
꿈꾸는 소원이 형통하길
가정과 남편 아내 자녀들을 위해 기도하는
어떤 상황에서나 따지고 재지 않는

한 지붕 울타리 안에서
동고동락(同苦同樂)하는
다복한 내 가족

보리밭

등굣길에 아슬아슬 타던 논두렁
살랑살랑 춤추는 보리밭 사잇길
내 가슴속 출렁출렁 초록이 물들이고

꼬불꼬불 논두렁 하굣길
훌쩍훌쩍 자란 보리밭은
키 작은 나보다 더 커 버린 새싹들
내 모습은 어디로 숨었나

연한 줄기가 오동통통 오르면
피리 만들어
삐 삐 삐삐삐
하늘로 날리던 추억

어머니는 가마솥에 삶은 보리 소쿠리에 담아
바람이 잘 통하는 그늘에 매달아 놓고
끼니 때마다 쌀을 혼합해서
일용할 양식을 지으셨지요

어머니는 멀리 가셨어도
내 고향 들녘은
언제나
푸른 보리밭으로 출렁이고 있구나

은방울꽃

신도림역 작은 화단에
초롱초롱 초롱꽃 공원 입구에 피웠다
초롱초롱 초롱꽃 신학교 가는 길목에 피웠다
하나씩 올라오는 야생화 관찰하며
예쁘다 귀엽다 말해주고
쓰담쓰담 예뻐해 줬더니
앙증스러운 새싹 피워 나
하얀 면사포 가리고 은방울꽃이 피웠다

쑥쑥 싹트는 승리 함성
초롱초롱 눈망울 띄우고
고깔모자 눌려 쓰고 종을 친다
하얀 등불 꽃잎 술로 밝혀 주고
행복의 종소리 희망의 종소리 울린다
초롱꽃의 꽃말처럼
감사와 성실의 종소리
충실의 밝은 메아리 소리 울려 퍼진다

누구 있나요?

시장 거리 홀로 구경하는데
우연히 마주쳤을 때
집에서 쓸쓸히 하루 보내고 있는데
갑자기 번개로 만나자 하거나
예약 없는 만남이 이뤄질 때
반갑고 즐겁지 않던가요

길어지는 코로나19로
갇혀 사는 요즘
만남이
그리워지는
날들이 되었지요

저
여기 있어요
누구 없나요?

시온성 교회 종탑

구름다리에서 시온성교회를 보니
팝콘 펑펑 터트린 벚나무 사잇길 따라
대형 종탑에 하얀 십자가
기둥 상부에는 기도하는 손
12개의 종은 예수님의 열두제자로
땅끝까지 복음 전파하라는 주님의 지상명령
순종하는 믿음의 상징

세 개의 기둥은
성부 성자 성령 삼위일체 하나님을
세워진 기둥을 감싸는 원은
야곱의 사닥다리로
성도와 하나님 간의 친밀한 교제로
예수님 닮은 기도의 손 실천하라

예수님 부활의 첫 열매로
빛의 자녀는 천국을 소망하는 삶 살게 하신다

사랑하는 마음

사랑하면 예뻐져요
마음이 넓어져요
미소로 자주 웃어요
행복해요
모든 걸 이해하고 덮어줘요
마음이 따뜻해요
목소리가 부드러워요
겸손해요
배려심이 넘쳐요
미워할 수가 없어요
하나라도 더 주고 싶어요
뭐든지 들어줘요
아껴줘요
사랑스러워 보여요
기분이 좋아져요
서로 마음이 통해요
눈빛만 봐도 알아요
말보다 행동으로 보여줘요
함께 있는 것이 좋아요
마음으로 마음을 읽어요

또 장마

사람 사는 이야기는
다 거기서 거기
죽고 사는 이치는 하늘에 있지

등하교는 두세 개의 둑을 건너뛰어야 한다
발목 위까지 차오르는 세찬 물살에
지탱하기 버거웠는데
전날보다 훨씬 불어난 물살이 무서워
남동생을 데리고 돌아서 간 논두렁길

큰언니는 개울을 건너다
물살에 휩쓸려
풀포기를 꽉 잡고 매달려 있는데
마침 물 보러 나오신
마을 할아버지가 보시고
급하게 아들을 불러 줄을 던져
겨우 목숨을 건졌다고 했지

반대 방향인 다른 동네 언니는
여동생하고 개울을 건너다가
물살에 휩쓸려 빠졌는데
뒤따르던 남학생이

둘 다 구할 수 없어서
동생은 살고
떠내려 가버렸다고 했지

장마가 어디 한두 번인가
해마다 치르는 일인걸
사람 사는 이야기는
다 거기서 거기
죽고 사는 이치는 하늘에 있지

지하철

아침저녁 지하철은 인파로 북새통을 치르고
전철 안에 많은 사람들 어디로 가시는지
저마다 핸드폰 손에 들고 이어폰 끼고
눈과 손 행동이 바쁘다

현대는 바쁜 세상인가
대화 잊은 세상
눈인사 시선도 없이
오로지 핸드폰에 열중하여
사각 물건에 온 세계가 살고 있으니
아이 학생 청년 장년 노인
그 장난감에 푹 빠진다
스마트폰 정보화시대는 빨라졌으나
소통의 언어는 잃어가는 안타까운 현실

버스를 타고 전철을 갈아타고
꿈을 향해 전진하는 모습
피곤한 몸 날갯짓하며
하루도 저물어가니
무엇을 위해
바쁘게 노력하며 살아가는지
상념에 젖은 마음 만지며 다독다독
오늘도 수고했어

환갑

코로나로 여행을 못 가니
귀띔도 없이 호텔 예약을 해놨다고 한다
서비스로 차가 대기한다기에
어색한 호텔 차를 엉거주춤 타 본다

호텔 벽에는 금박지로 해피 버스데이가 찬란하다
사진에는 인생은 60부터
사랑하는 아빵빵 하고 싶은 거 다해
사랑하는 가족 일동

식탁에는 진푸른 케이크에 별이 반짝반짝
아직도 빛나는 청춘
아빠 환갑 축하드려요
사랑을 새겨 놓았다

여보
인생은 60부터라 하니
빛나는 당신이 되시길
건강하고 행복하게 삽시다
백세인생 여행도 다니며

매화

매화나무는 꽃을 선물로 주고
매실을 주는 이로운 열매

제일 먼저 피는 매화는 화괴
동지 전에 피는 조매
추운 날씨에 피면 동매
눈 속에 피면 설중매
흰색이면 백매
붉으면 홍매
푸른빛을 띠면 청매

백매화 청매화 홍매화
충실한 순결 맑은 마음
대풍 한설에 핀 꽃망울이
찬바람에 발 동동 구르고
샤샤샤 손 비비는 설중매
따뜻한 봄까지 담요로 덮어 줄까
손 꽁꽁
발 꽁꽁
가지마다 손발이 우드드 우드드
백설이 듬뿍듬뿍 덮은 붉은 꽃

*우드드 우드드 : 몹시 추워서 내는 소리

꽃사과 나무

온천공원에 꽃사과 나무 부자 자식 낳았다

여보 이거 좀 봐
조랑조랑 풋사과 알차게 열려
둥글고 앙증스러운 순수한 향 초록색 나팔
가을이면 볼 얼굴 수줍은 소녀처럼
붉은 화장 노을빛 그려 선보일 과실 향

날 불러 세워 말하는 꽃사과 나무
이보시오
가을이 익을 때쯤 찾아와
길손님 나그네 맘대로 따가시오
푸르름이 상큼한 사랑 맛으로 붉거든
누구든 맘에 들면 따가시오
가격은 착한 마음씨
아이도 어른도 예쁜 마음이 솟아
두리둥실 어여쁜 세상으로
얼쑤 두둥실 조화로운 융합의 나라
발맞추어 살아가는 가족 이웃이 한마음으로 산다

조랑조랑 : 작은 열매 따위가 많이 매달려 있는 모양

은물결

호수에 햇살이 앉아
발을 담그고 손을 펼쳐
출렁이는 은빛 물결로 춤춘다

새들이 날아와 물장구치고
새벽 다람쥐 물 마시고
토끼는 눈 비벼 세수하는 아침
거북이 댓돌에 햇살 먹고 첨벙
잉어 가족 물오리 떼 노니는 소풍날
설봉호수 둘레길을 걷는다

햇살은
세상 나들이 신나서
딸 아들은 호수처럼 싱긋벙긋
나는 당신과 함께여서 즐거워라

싱긋벙긋 : 눈과 입을 슬며시 움직이며 소리 없이 가볍고 환하게 웃는 모양.

5부
숲속의 향기

증포동 쉼터

투박한 보도블록
알록달록 양탄자 위에 책
시골밥상 생각나는 고봉으로
가득한 정겨운 밥그릇
문지기로 선 두 개의 항아리 뚜껑에
빨간 앵두를 그렸다
쉼터를 꾸미기 위해

이틀 걸쳐 완성한 야외스케치 반
트릭아트 완성품을 보며
즐거워하던 우리들
지금보다 더 젊었던
우리들의 노래
재능을 아낌없이 베풀던 날

그들의 안부가 새삼스레 궁금하다
그 시절 인연들은
지금쯤 어디서 무얼 하고 있을까?
행정복지센터 들어설 때마다
쉼터를 꾸미던 맑은 웃음소리
그들이 있음에
지금이 있음을
햇살도 알고 있겠지

소녀의 희망, 우정의 국밥, 가족, 생일날

소녀는 하늘 향해 희망을 노래하지
친구야 측백나무 견고한 우정 담아
어릴 적 꿈바라기로 기도하며 살지요

우정의 국밥

방송대 출석 수업 새벽에 전철 타고
콩나물 우정 국밥 학우와 점심 타임
노른자 반숙 영양계란 개운하다 위장 속

가족

한솥밥 울타리에 사랑의 동고동락
한 가족 희로애락 마음이 어여뻐라
눈길이 사랑스러워 자녀들이 보배라

생일날

생일날 촛불 세워 축하 송 멜로디 송
눈길이 아름답다 웃음꽃 만발해요
가족이 사랑스럽다 손재감의 화목함

홍매화

태양처럼 뜨거워 붉은 열꽃으로 피웠다
고풍스러운 품격 비단 물결 치마폭에
노란 꽃술 펼쳐 붉은 매향 피워 내고
절개 굳은 여인의 향기 품어
봄소식 가장 먼저 알리는 꽃

긴긴 겨울 엄동설한에 활짝 핀 설중매
고난의 숭고한 인내의 향기
꽃 몽우리 올라
꽃송이 만발하여 피고 난 자리마다
잎은 무성히 초록 핀 자리

이른 꽃 피워 내고 풍성한 매실 열매
나무 실과로 담근 정성
매실 원액 매실주로
음식 약용으로 즐기는 좋은 향기다
유리 항아리에 담긴 매실 향기로 집안이 풍요롭다

설중매 : 활짝 핀 매화꽃에 눈이 쌓여 있는 것
매향 : 향기를 강하게 나타내는 뜻

봄비

봄비가 추적추적 내려요
활짝 피워 날개 돋은 꽃잎 술에
빗방울 몽글몽글 맺히었어요

토도독토도독 대나무 울타리 때려요
투두둑 투두둑 굵은 빗방울에
꽃잎이 떨구어 흩어져 밟혀요

꽃망울 필 때는
예쁘다 곱다 사랑스럽다
눈길 주더니
볼품없이 뭉그러져 떨군 꽃송이
시들시들 사그라드니 쳐다보지 않아요

인간사는
꽃보다 아름다운 길이길
피고 질 때도 웃을 수 있길
두 손 모아 축복해요

가을아

가을은 참 예쁘다
봄 여름 고이 키워온 각종 열매로
주인을 기다려 자녀에게 내어주는 어머니 마음처럼
산에 들에 색동옷 걸치고
가을 향기 품은 산들바람이 넘실넘실 불어댄다

이천시 백사 산수유꽃 축제에
관광버스로 단풍놀이 온 이웃
얼씨구절씨구 지화자 좋다
콧바람 쐬는 여행은 노랫가락 흥겹다

가을 하늘은 뽀송뽀송 솜털 꽃 띄우고
소풍 나온 동호회 그룹은
도시락 펼쳐 둘러앉아 술 파티가 한창이다
그 옆에는 장기 자랑으로 한층 무르익는다

가을은 모여서 행복한 벗
선선한 바람 독서하기 좋은 친구
단풍잎 책갈피 엮은 사색의 낭만
가을아
내 마음도 가을 가을 아름답다

새색시와 제주도

마당 가에 활짝 핀 만개한 철쭉꽃 예뻐요
한복 입은 어여쁜 새색시
미소 짓는 얼굴 같아요

하얀 꽃술에 순백한 저고리 걸치고
빨갛게 물들여 한복 치마 입은
붉은 립스틱 바른 입술
붉게 붉게 활활
봄볕에 내리쬐는 꽃잎은
밝고 진한 화려함으로
볼 터치 설레는 즐거움으로 다가와요

빨간 꽃술 하얀 꽃술에 영근 점
나비와 벌이 찾아와
디딤돌 타고 놀지요

제주 신혼여행에서 진분홍 저고리 치마
한복 입은 사진 찍어주며
아이 예뻐라
성장한 자녀와 제주도로 가족여행 다녀왔지요

소낙비

어린 시절 영광 장날에
어머니 따라 걸어 나선 길
여러 마을을 지나 숲으로 우거진
산길 고개를 넘고 넘는다

어머니와 걸어온 길은
심심하거나 외롭지 않은 길
우르르 쾅쾅 번쩍번쩍
벼락과 천둥에도 평온한 마음이다

빼곡한 담장 모퉁이를 돌아 걸으니
장터 넓은 한길에
소 닭 토끼 강아지 파는 곳을 지나
생선 비린내 풍기는 골목을 돌아가면
시장에서 어머니가 사 준 원피스
난전에서 어머니와 먹었던
가마솥에 끓인 칼국수 팥죽 한 그릇
추억이 새록새록

소나무 향 가득한 매미 참새 소리에 취해
30리 고갯길 여름 소낙비
끝없이 이어지는 산길 너머로

흠뻑 젖어도 원피스 입은 소녀는
앞단 치맛자락 치켜세워 걸으며
얼굴엔 물줄기 줄줄 흘러도
어머니와 함께여서 즐거워라

쉰 중반에 돌아보니 어머니와 걸어온 길은
심심하거나 외롭지 않은 길
우르르 쾅쾅 번쩍번쩍
벼락과 천둥에도 평온한 마음이다

정

저녁밥 지을 시간 어머니가
굴뚝에 연기 필 때쯤
우리집 앞을 지나갈 때면
친구 어머니는
빨간 고무대야를 머리에 이고
고등어 장사로 팔다 남은
몇 마리 고등어를 부엌에 내주고 가셨다

내 어머니도 한때는
고무대야 머리에 이고
고등어 장사를 하셨는데
팔고 남은 고등어만 밥상에 올리셨다
어머니도 친구 어머니처럼
팔다 남은 고등어를 이웃에게 주셨겠지

그 시절 우리 어머니들은
그렇게 정을 주고 받았지
지금도 그 정이
우리에게 남아 흐르고 있지

아카시아 향기의 말

고향의 봄 향기 바람 타고 날아왔나
살아가는 날까지
좋은 향기만 남기라 말하듯이
아카시아 향기 톡톡톡 풍긴다

전셋집 뜰 앞에는 조그마한 방죽이 하나 있어
아카시아 향기 그 사이로
양면 포대기로 아들 등에 업고
딸아이는 종종걸음을 걸리고
아랫마을로 가는 좁은 샛길 따라다녔지

살아가는 날까지 좋은 향기만 남기라 말하듯이
내게 쉼터 선사하던 아카시아 향기 그늘막
우수수 하얀 함박웃음 꽃으로
천진난만한 순정의 미소 짓는 아이들
꿀송이 향내에 벌이 윙윙 드나들었지

주렁주렁 하얀 꽃송이 따다가
술 좋아하시는 아버지와
허약한 어머니를 위하여
약술 담가 선물해 드리던 기쁨이었지

그곳의 봄 향기 바람 타고 날아왔나
살아가는 날까지
좋은 향기만 남기라 말하듯이
아카시아 향기 톡톡톡 풍긴다

담쟁이넝쿨

숲속 길 참나무 타는 담쟁이넝쿨
연한 잎사귀 파릇파릇 돋아
바람결에 나풀나풀 춤추는 초록 나비 난다

음악학원 담벼락에 피아노 소리 희망 줄 걸고
무성한 잎줄기 뻗은 지붕에 푸른 오아시스
이웃집 지붕 담벼락까지 소망으로 넘는다

기울인 담장에 굵은 사랑 줄 넝쿨이 감싸 안아
버팀목 친구 해주니 비바람에도 끄떡없이
해마다 사이좋게 푸르름 미소 띄워 웃는다

뜨거운 햇볕에도 푸르른 절개의 순정
한잎 두잎 고운 물감 입혀 상처 난 흔적 보듬어
노랗고 빨갛게 갈색 황혼의 옷 갈아입고는
젊은 시절 꿈의 날갯짓 회상 노래 부른다

딸기

계란 꽃 피워 초록 꽃받침으로
노란 방울꽃 대롱대롱 점박이
아이 꽃 젊은 꽃 어른 꽃
붉그스레 푸른빛이 어우러져
시골 하우스 안에서 달콤하니 무르익은 노을 꽃
붉은 원피스 입은 단정한 행렬들

저 별은 아빠별
저 별은 엄마별
저 별은 나의 별
저 별은 누나 별
저 별은 언니별
저 별은 동생 별
하나둘 셋넷 다섯 여섯
바구니 가득히 별을 따서 노래한다

땡볕 한낮 1만 원 하우스
딸기향 사는 추석날
고향 딸기밭에서 꿈을 키운다

참 아름다운 교회

2020년 3월 12일 목요일 목사 안수받고
15일 첫 주일예배를 가족이 가정에서 드렸습니다
교회 이름은 '참 아름다운 교회'로 지었습니다

딸 초등학교 입학할 무렵
한 20년 전 집사 시절 꿈에
'참 아름다운 교회다'라는 음성을 들었을 때
기분이 참 좋았습니다
하나님이 나를 찾아오셨기에

그 명칭 그대로 '참 아름다운 교회'로 정했습니다
지금까지 가정사역을 하기에
교회 명칭을 불러 주는 이 없으나 성실히 행합니다

합동 한국총회 노회 총무 교수님의 메시지
교회 이름이 중요하죠
잘 지었네요
열심히 기도하시고 잘 준비하셔서
예배 처소도 마련하시고
설립도 준비하시길 바라오

가정사역을 한다고 실망하지 않고
하나님이 저에게 주신 은혜대로 만족합니다

목회자와 성도가 하나 되어
'참 아름다운 교회'로 이끌어 가고 싶습니다
주의 이름으로 두세 사람이 모인 곳에
나도 그곳에 있다 하신 말씀 믿고 행합니다
하나님은 한 영혼을 귀히 여겨 구원받길
원하시기에 순종하는 마음으로 실천합니다
한 명이 예배를 드려도
하나님은 숫자에 연연하지 않기에
질적으로 성장 발전시키는 목회자가 되고 싶습니다
하나님께 인정받는 주의 종이 되렵니다

발길이 가는 대로

때로는 인생살이 서글퍼지고 답답할 때면
무작정 사람들이 걷는 인도와 산길 따라 걸었다
목적지도 없이 마냥 마냥 걸으니
울적한 마음이 좋아지고 즐겁더라

젊은 시절에 발걸음 가는 대로
어린아이들 데리고 길을 걷다가
이곳을 따라 가면 어디일까?
호기심 따라 산책로 길이 아닌
철망 길을 따라 한참 동안 가보니
가도 가도 끝이 없을 것 같은 막막한 불안감으로
걸어온 길은 절반 이상 넘어선 것 같아
다시 돌아가고 싶지 않아

추운 겨울 눈 속에서 손발 얼굴도 꽁꽁 무뎌져
아이들이 추울까 염려로 가득 차고
모자 목도리 단단히 여며 주고
눈시울 맺힐 때쯤에 보이던 끝자락은 언덕진 차도
산길을 벗어나니 이제는 쌩쌩 달리는 차들의 반란
바르르 위장 속에서 떨려오는 몸이 너무나 추워서
매점 음식점이든 어디든 들어서려니
가는 곳마다 굳게 잠긴 야속한 겨울날 기억

순하던 두 아이는 말없이 투정 한번 없이
엄마만 믿고 따르던 총총한 어린 나이였지
아이들은 그때 그 기억이 날까?

살아가면서 삶의 방향을 잃을 때가 있다
가고 있는 지금의 길이 맞는지
잘 걸어가고 있는 건지
나 자신에게 물어보고 되뇌어 보고 살면서
여지껏 지나온 삶을 되돌아보니
시간의 노력 속에 성실하게 참 열심히도 잘 살았다

희망의 눈

설봉산에 올라 등산을 하며
자연이 주는 것에 귀담아 봅니다
월동 준비로 옷 갈이 훌훌 털어내 버리고
죽은 듯 보이는 앙상한 나뭇가지에
귀 기울여 조용히 들어 보면
소나무 숲 나무들의 숨소리가
쌔애 새액 쌔 새
여기저기서 들려옵니다

나뭇가지는 매서운 한파에도
살아 숨을 쉬고 있습니다
소나무가 희망을 말하는 소리에
행복한 산행길입니다

겨울나무를 가만히 들여다보며
나무야
춥지 않니? 물으니
조그만 티눈 새싹의 눈이
내게 속삭이듯 말을 합니다

조금만 기다려 줘
곧 예쁜 봄을 선물해 줄 테니

우산 하나

쨍쨍한 하늘이 흐리더니 비가 내립니다
우산 없이 비 맞고 걸으니
모자에 빗방울이 떨어져 머리에 흡수되어
안경알은 젖어 듭니다

이러한 낭만을 즐기니
콧바람이 상쾌하고 기분이 좋아집니다
진한 쑥 향기가 싱그럽습니다

엄청 쏟아져 지칠 무렵에
의자 앞 풀숲에 버려진
우산 하나
흙먼지 닦아 아쉬운 대로 쓰고
강변 길 따라 핀 달맞이꽃을 걸어 봅니다

버려진 우산 하나
나에게는 은총이었습니다
하늘 향해 웃어봅니다

시월은

시월은
가슴 따뜻한 사랑이 가득하시길

단풍잎이 붉어지고
선선한 바람이 부는 가을에는
이별하지 말고 고운 사랑을 나누시길

나뭇잎이 떨어져 나뒹구는 달이 가고
휑한 바람 소리에
눈 내리는 겨울이 오면
그대 외롭다고 설움 마시고
작별일랑 하지 말고
인연 얽은 부부 인생을
아름다운 시절로 꽃 피우시길

달팽이 I

집을 달고 사는 달팽이가
아스팔트 뜨거운 열기 도보 위로
느릿느릿 거북이보다 천천히 걷는다

가봐야 광원 曠原 뿐인데
어디 가려고 나선 것일까
숲길로 가야지 정 반대 방향으로 향하는
달팽이 무리의 행진

날갯짓이 안타까워 옮겨 놓으려 보니
열기로 인해 타 죽은 듯 가벼운 무게
짓궂은 이는 달팽이를 발로 뭉개 놨다

실수로 밟힌 걸까
고의로 밟아버린 걸까

인생 시기 질투 시름 앓는 세상
고단한 삶이 달팽이 무게처럼 짐을 지고 산다
때론 느리게 빠르게 힘들게 숨 가쁘게
몸부림치는 삶의 여정이
달팽이 집 고뇌만큼 무겁다

광원曠原 : 텅 비고 아득히 넓은 들

달팽이 Ⅱ

밭에서 온 달팽이 마트로 시장 나왔다

아침에 사 온 싱싱한 열무 잎에
큼직한 달팽이 세 마리
우리집까지 구경 왔다

물방울 촉촉한 잎새로
이리저리 노닐더니
양쪽 안테나 세우고
기린 목 높이 내밀어 바라본다

구조 요청 하나 싶어
달팽이 풀섶에 놓으니
옹기종기 다정스레 여행을 간다

진정한 나의 소중한 친구에게

목마른 여름날 물 한 모금 건네준 당신은
사랑하는 따뜻한 마음을 지닌
진정한 나의 소중한 친구입니다

늦게 오는 이 더디다고 기다려 준 당신은
목동이 양 잃은 어린양 기다리듯 목자의 마음

힘들다 뿌리치고 포기하고 싶을 때
조금만 참아 힘내 응원해 주신
당신의 말에 다시금 일어섭니다
그대는 진정한 나의 소중한 친구입니다

토닥토닥 등 두드리며 수고했어
그 한마디 손 내밀어 손잡아 준 당신은
진정한 나의 소중한 친구입니다

혼자 앉아 있는 나에게 먼저 말 건네주고
인사하며 다가와 줘서 감사합니다
여직 잘 살아왔고 지금도 잘하고 있어
격려의 말 당신은 진정한 나의 소중한 친구입니다

그 미소 담긴 표정
사랑의 복음 전달자입니다

봄에도

봄에도 칼바람이 불며 매섭다
분명 봄인데 봄바람은 아닌 듯 다가온다
난전 들녘에 휑하니 차가운 바람
며칠 전부터 추운기 들던 몸살 기운이
어서 들어가라 재촉한다

급한 마음에 대충 캐어 담아 온 봄나물
나물캐는 재미에
겉에 붙은 시래기 뜯어 흙 털어 내고
좋은 것만 추려서 다듬어야 하니
엉덩이 허리도 무리라
이러한 정성의 손길이 필요하니
그저 공짜는 하나도 없다는 말이 맞는다

이포강변 도로에서

쑥 뜯으러 이포 강변도로 출발하니
울창한 가지로 우거진 숲 터널 안에서
머윗대 한 봉지 가득 채우고
공원 풀숲에서 자라난
연한 민들레와 쑥이
엉성한 마른 가지 사이사이로
숨바꼭질하듯이
나 찾아봐라 초록 머리 보일라
꼭꼭 숨어라
도루코 칼날로 찾아 캐내어 담는다
의좋은 형제인가 한 무더기로 모여 산다

덕분에 쉽게 종류별로 세 봉지가 되고
자연에 감사하며 저녁 식탁 메뉴판에 오른다
머윗대 데쳐서 고기 삶아 쌈 싸고
쑥 된장국에
바싹바싹 쑥 향기 부침개로
민들레 살짝 데쳐서
새콤달콤 초고추장에 찍어 먹는
향긋한 봄맛
풍성한 밥상에 감사의 눈빛이 넘친다

해와 꽃과 인생

아침에 눈 뜨면 해가 동쪽에서 뜨고
해 질 무렵 서쪽으로 지니
뜨는 해
지는 해
가는 방향
지는 방향이
지구의 자전으로 낮과 밤이 생기듯
밝은 빛이 삶의 길을 밝혀 주리

꽃도 홀로서기로 피워 내고
고운 향기 꽃 천지로 품어 내니
삶 자락에 즐거움 주는 꽃빛이라 부르리

세상을 살아가며 자신의 선택으로
삶의 길이 되어 살아온 인생길
홀로 아름다운 시절 꽃 피우니
세상도 부러워서 시샘 어린 시선으로
눈총 미움 질투로 살벌하니 힘들지라도
지금 걷는 길 나의 꿈 흔들리지 말라
초심을 심겨 준 마음으로
간직하여 전진하면 이루리
실망 절망 포기 낙심의 강물이 출렁 출렁일 때
조용히 눈 감고 기도하여 묻는다
주님
지금 잘 가고 있나요

새와 꽃, 봄 친구에게

봄볕 쐬러 온천공원으로 걷는 봄 친구
두 달 보름째에 첫나들이 나온 봄
참새 세 마리 공원 입구에서
반가운 발걸음 길벗 되어 걸어 준다

신부 드레스 입은 순백 여인의 향기 꽃
활짝 웃는 벚꽃은 꽃눈 되어
내 길 환영해 주듯 꽃송이 뿌려 주니
꽃비 세례로 꽃길 향 젖고 왔다오

자주색 목련 나무 붉은 드레스로 볼 단장한 미소
하얀 목련꽃 한그루 화사한 웃음 가득
색색 희망 부케로 고운 등불 밝히고 있다

구름다리 언덕 아래 만발한 개나리도
보고팠노라 손짓하여 흔들고
꽃망울 올라와 꽃잎 피우는 붉은 철쭉은
한두 개쯤 활짝 피운 입술로 노래 부른다
축하 노래 불러줘서 고마워라
꽃들의 미소로 꽃송이 환영받은 기쁨에
사랑해
예쁘고 곱구나
속삭여주고 내 마음도 전한다

● 작품해설

(열린동해문학 회장 서인석)

　봄이 다가오면 마음을 설레게 만드는 꽃 한 가운데 목련은 우아함과 아름다움을 품고 있습니다. 그 꽃은 고요한 정취를 안고 자라는데, 그 아름다움은 그저 눈에 닿는 것만으로도 마음을 감미롭게 만듭니다. 목련은 우리에게 봄의 아름다움을 상징하며, 자연의 소중함과 순수함을 전달합니다. 그 꽃은 우아하고도 우아한 잎사귀와 꽃잎으로 이루어져 있으며, 그 아름다움은 한 폭의 예술 작품과도 같습니다. 또한, 목련은 그 우아함에도 불구하고 어떤 환경에서도 강하게 자라날 수 있는 탄탄한 생명력을 지니고 있습니다.

　또한, 목련은 우리에게 자아를 찾고 소중한 것을 지키는 중요성을 알려줍니다. 바람과 비에도 흔들리지 않는 그 흔들림 없는 모습은 우리에게 도전에도 굴하지 않고 용기를 갖고 나아가는 법을 가르쳐 줍니다. 목련은 우리의 마음속에 항상 자리잡아 있으며, 우리에게 아름다움과 강인함을 전달하는 그 꽃은 우리 삶 속에서 빛을 발하는 존재입니다. 이 시집의 목련은 이렇게 노래하며 습작하고 있다.

이 시는 동백꽃을 중심으로 한 아름다운 자연의 풍경을 묘사하고 있습니다. 첫 부분에서는 비바람에 떨어진 동백꽃의 모습을 통해 선혈이 핏빛으로 출렁이는 모습을 담아내며, 이는 젊은 날의 고통과 아픔을 상징적으로 표현합니다. 물방울은 애써 삼키려는 눈물과 연결지어져 있습니다.

시가 전개됨에 따라, 바닥에 떨어진 동백꽃 송이는 하트 형태로 배열되고, 그 안에 당신을 사랑한다는 꽃말이 담겨 있습니다. 이는 고통스러웠던 경험과 상처를 극복하고자 하는 마음을 나타내며, 햇살과 물의 상징적 의미를 통해 희망과 위안을 전달하고자 합니다.

이 시는 동백꽃을 비유적으로 사용하여 어려움과 아픔을 이겨내고, 사랑과 희망을 향한 의지를 표현하는데 깊은 의미를 담고 있습니다. 동백꽃과 관련된 자연의 아름다움과 사랑의 감정을 표현하여 독자들에게 공감과 위로를 전달하고자 하는 것으로 보입니다.

동백나무
간밤에 불던 비바람에
떨어진 선혈이
핏빛으로 출렁인다

장렬히 붉은 송이
꽃잎에 맺힌 물방울은
젊은 날 힘들고 아팠던
애써 삼키려는 눈물이런가

저리 통째 바닥에 내린 꽃송이
동백꽃 하트로 대궐을 짓고
그 테두리 안에 쓴 꽃말
당신을 사랑합니다

살며시 바라보던 햇살이
활짝 핀 미소로
촉촉한 물을 닦아줍니다
포근히 안아줍니다

「동백꽃」 전문

이 작품은 어머니의 삶을 통해 자신의 황혼에 대한 사색을 담고 있습니다. 시인은 어머니처럼 곱게 물들어가며, 자신의 황혼이 손주들에게 희망과 평안을 전달하는 것처럼 기원합니다. 또한, 신앙과 꿈을 통해 빛을 발하고자 합니다.

시의 구성은 감정적인 회상과 그리움으로 가득차 있습니다. 어머니의 모습을 통해 나름대로의 영감을 얻고, 자신도 누군가에게 위로와 평안을 전달하는 존재가 되고자 하는 소망이 엿보입니다.

이 시는 가족의 연결과 상속된 가치에 대한 표현이며, 자신의 인생 여정과 미래를 바라보는 데에 대한 생각을 담고 있습니다. 그리고 시인은 자신의 황혼이 어머니처럼 누군가에게 위안과 희망을 전달하는 존재로 남기를 소망합니다.

황혼아 너 참 곱구나
힘 내려놓고
손주들 바라보며
곱게 물들어가던 어머니처럼

내 황혼에도 색색별로
빛나는 신앙이 되고 싶구나
누군가에게 꿈을 새겨주는 이로

하늘에 새겨진 그리움으로
돌아보는 나의 하루처럼

나도 누군가에게
위로와 평안으로 머무는
내 황혼에도
그랬으면 참 좋겠다
어머니처럼

「황혼」 전문

이 시는 시인은 나이와 세월이 지나며 반지에 대한 새로운 감정을 경험하게 되는 삶의 변화를 담고 있습니다. 시인은 나이 들면서 반지를 다시 착용하고 싶어하는 욕망을 표현하며, 세월이 흘러 변화하는 감정과 마음의 소중한 순간을 강조합니다.

또한, 결혼예물을 재가공하여 새로운 반지를 만들어 부부 손 인증사진을 찍는 이야기는 새로운 시작과 함께 신혼 시절을 되찾는 의미를 담고 있습니다. 이러한 행동은 삶과 사랑에 대한 재확인, 그리고 공동체적인 의미를 내포하고 있습니다.

시인은 반지를 통해 인생의 흔적과 추억을 담아냄으로써 세월의 변화와 사랑에 대한 깊은 감정을 전달하며, 결혼 생활 속에서 신선함과 아름다움을 찾는 모습을 보여줍니다.

나이 오십 중반이 되니
안 하던 반지도
이제는 끼고 싶은 마음에
세월 함 보석 상자를 열어본다

손 마디마디는 굳은살로 굵어졌다
반지는 손가락 중간 매듭에 걸려
석재 조각가 인생 노고가 묻어난다

결혼예물 18k 반지 놔두고
18k 목걸이를 팔아 반지로 주문하여
똑같은 반지를 끼고
부부 손 인증사진 찍으니
누가 볼까 창피하다는 잔소리
신혼처럼 좋아라
함박웃음 꽃피는 내 얼굴
새로 맞춘 반지로 신혼 시절을 되찾는다

「반지」 전문

이 시는 흐르는 물을 통해 삶의 여정을 표현합니다. 물은 어떤 장애물이나 어려움을 만나더라도 그것을 극복하고 흘러가듯이, 우리의 삶도 마주하는 어려움을 극복하며 앞으로 나아가야 함을 말하고 있습니다. 이 시는 자연의 흐름을 통해 인내와 용기, 조화의 중요성을 강조하며, 삶을 살아가는 데 있어서 지혜로운 자세를 요구한다고 볼 수 있습니다.

물의 흐름은 우리의 삶과 닮아 있습니다. 우리도 어려움을 마주할 때 바위처럼 단단하게 서서 물과 대화하는 자세가 필요하며, 그로 인해 삶은 더 풍요롭고 아름다워집니다. 낭떠러지를 만나면 두려움을 극복하고 도전하는 마음가짐이 중요하며, 시련과 고난을 만났을 때도 우리의 내면 조화를 찾아가야 합니다. 결국 흐르는 물처럼 지금에 집중하며, 꾸준한 인내와 끈기를 가지고 앞으로 나아가야 합니다. 이는 우리가 삶의 여정에서 자신을 발견하고 성장하는 과정에서 중요한 지혜입니다.

흐르는 물은 지혜롭게 흘러가고
바위가 앞을 막으면 비켜 갈 줄 아는
도랑이 꼬불꼬불 갈 길이 멀어지면
굽이굽이 유유히 즐기며 가고
흘러가는 물은 낭떠러지를 만나면
용기를 내서 과감히 뛰어내릴 줄도 알고

뒤돌아보지 않고 오로지 지금에 충실한
끈기와 인내

내 인생길도 흐르는 물처럼
바위를 만나면 바위와 놀고
구부러진 도랑에선 도랑과 어울리고
낭떠러지는 폭포처럼 하나가 되고
어떤 시련과 고난을 만나도
자연스러운 조화 이루어
마음 밭에 차곡히 채워진
꽃향기 피워 올리길
흐르는 물처럼

「흐르는 물처럼」 전문

먼저, '정'이란 말은 애정, 따뜻한 마음, 사랑 등을 의미하는데, 이 시에서는 고등어 장사로 인한 정을 강조하며, 과거의 어머니들이 서로 정을 주고 받았던 모습을 그리고 있습니다.

시는 이웃 간의 서로를 배려하고 공유하는 정의 소중함을 강조합니다. 과거의 어머니들이 자신들의 작은 것들을 서로 나누고 공유하며 정을 나누었던 모습을 통해, 우리가 서로에게 베풀어야 할 따뜻한 마음과 관심에 대해 생각하게 합니다.

이 시는 서로를 이해하고 공유하는 따뜻한 정의 중요성을 감동적으로 그려냅니다.

'정'은 이웃 간의 서로를 배려하고 사랑하는 마음을 의미합니다. 이 시에서는 어머니들이 각자의 어려움을 이겨내기 위해 서로 도와주고 공유하는 모습을 보여줍니다. 고등어 장사로 남은 고등어를 이웃에게 주는 것을 통해, 작은 것일지라도 서로에 대한 배려와 따뜻한 마음을 나누는 소중함을 강조하고 있습니다. 이 시는 우리가 서로를 이해하고 공유하는 정의 중요성을 감동적으로 담아냅니다.

저녁밥 지을 시간 어머니가
굴뚝에 연기 필 때쯤
우리집 앞을 지나갈 때면
친구 어머니는

빨간 고무대야를 머리에 이고
고등어 장사로 팔다 남은
몇 마리 고등어를 부엌에 내주고 가셨다

내 어머니도 한때는
고무대야 머리에 이고
고등어 장사를 하셨는데
팔고 남은 고등어만 밥상에 올리셨다
어머니도 친구 어머니처럼
팔다 남은 고등어를 이웃에게 주셨겠지

그 시절 우리 어머니들은
그렇게 정을 주고 받았지
지금도 그 정이
우리에게 남아 흐르고 있지

「정」 전문

제목: 목련

초판 1쇄 인쇄 2024년 01월 11일
초판 1쇄 발행 2024년 01월 18일

지은이: 오정애
펴낸이: 서인석
편집 및 디자인: 서인석· 서윤희
펴낸곳: 도서출판 열린동해문학
<등록 제 573-2017-000013호>
주소: 충북 청주시 서원구 모충로 93 1층 101호

HP: 010-7476-3801
팩스: 043-223-3801

ISBN 979-11-984305-6-4 (03800)

이 책의 판권은 저자와 출판사의 동의 없이 무단 및 복제를 금합니다. 파손된 책은 구입처에서 교환하여 드립니다.

이 도서의 국립중앙도서관 출판시 서지정보유통지원 시스템 홈페이지(http://seoji.nl.go.kr)와 국가자료공동목록시스템 (http:nl.go.kr/kolisnet) 에서 이용하실 수 있습니다.